Michael Feindler
Dumm nickt gut

Für A. M.

Michael Feindler, geboren 1989 in Münster und aufgewachsen in Wuppertal, zog 2009 zum Politikstudium nach Berlin. Dort lebt er heute als Kabarettist. Nach dem Gedichtband „Rufe aus dem Publikum" und dem Soloprogramm „Allein unter Menschen – Kabarett nach Versmaß" ist er seit Herbst 2012 mit seinem zweiten Programm „Dumm nickt gut" auf deutschsprachigen Bühnen unterwegs.

Michael Feindler

Dumm nickt gut.

Das Buch zum Kabarettprogramm

www.dumm-nickt-gut.de

2. Auflage, Oktober 2013
Alle Rechte vorbehalten
© 2013 Michael Feindler, Berlin
Druck und Bindung: Klicks GmbH, Ilmenau
Dieses Buch wurde auf Recyclingpapier gedruckt.
ISBN 978-3-00-041445-9

„Eine starke Strömung ist der Ansicht, allzu viel Bildung schadet nur. Die Leute könnten ja wirklich kritisch werden."

Hildegard Hamm-Brücher,
ehemalige Bundespräsidentschaftskandidatin

Inhalt

Vorbemerkung

Liebe Leserschaft,

als ich im Frühjahr 2012 über den konkreten Aufbau und Ablauf des Kabarettprogramms „Dumm nickt gut" nachdachte, stellte ich sehr bald fest, dass ich Gefahr lief, mich inhaltlich zu übernehmen oder zu verzetteln. Die Fülle an Materialen, die sich mir bot, sobald ich mich dem Themenkomplex „Bildung in Deutschland" auch nur annäherte, hätte zweifelsohne ausgereicht, eine ganze Vortragsreihe zu füllen.

Das liegt vor allem daran, dass Bildung mit sämtlichen anderen politischen Teilbereichen eng verknüpft ist. Sie ist der Dreh- und Angelpunkt aller gesellschaftlichen Entwicklungen. Bildung entscheidet über das Leben von Menschen, fördert oder verhindert soziale Spaltung, erzieht Jugendliche zu mündigen Bürgern oder zu farblosen Abnickern. Kurz: Bildung zielt auf Zukunft. Das weiß jeder, der an der Mitgestaltung der Zukunft interessiert ist. Und deshalb ist auch jede politische Interessengruppe im Bildungsbereich vertreten.

Da mir bewusst war, dass ich nur verlieren konnte, wenn ich versuchen würde, alle wichtigen gesellschaftlichen Entwicklungen, die zur Zeit direkt oder indirekt mit dem Themenkomplex „Bildung" zusammenhängen, in ein einziges abendfüllendes Kabarettprogramm zu packen, sah ich mich gezwungen, mich inhaltlich einzuschränken. Im März 2012 entstand so ein Essay, der den groben Leitfaden des geplanten Programms vorgeben sollte. Der Text liegt in diesem Buch nun erstmalig gedruckt vor. Ich habe ihn um einige ausführliche Fußnoten ergänzt, die als Anregung dienen können, sich weiter mit dem Thema zu beschäftigen. Gleiches gilt für die beigefügten Literaturangaben.

Ich bedaure, dass der Essay – obgleich er inhaltlich über das Kabarettprogramm „Dumm nickt gut" hinausgeht – einzelne (meiner Meinung nach) wichtige Aspekte außen vor lässt. So kommt vor allem der gravierende Einfluss der sozialen Herkunft auf den Bildungsweg in Deutschland zu kurz. Das hat einen einfachen Grund: Das eigene Umfeld lässt sich stets am besten beurteilen. Bei mir waren das in den letzten Jahren vor allem die Mittelschichtkinder der Achtziger. Wenn ich von „meiner Generation" spreche, nehme ich damit also zwangsläufig nicht nur eine altersbedingte, sondern auch eine sozioökonomische Einteilung vor. Das Problem ist mir bewusst. Doch der Essay erhebt ohnehin keinen Anspruch auf Vollständigkeit. Er kann bestenfalls Denkanstöße zu einer Debatte liefern, die gerne noch engagierter und von mehr Menschen geführt werden kann, um die Bildung in Deutschland wieder in eine Richtung zu bewegen, die den Menschen und weniger die wirtschaftliche Verwertbarkeit von Humankapital in den Mittelpunkt rückt.

Ein großer Dank gilt an dieser Stelle all jenen, die mich bei der Arbeit am Kabarettprogramm und an diesem Buch inspirierend und beratend unterstützt haben – vorneweg meine Berliner Wahlverwandtschaft in der Rheinstraße. Die Gedichte des Programms, im zweiten Teil des Buches nachzulesen, entstanden zum Großteil bei der Familie Meyer auf dem ostwestfälischen Land, wohin ich mich aus dem Hauptstadttrubel zurückziehen durfte.

Ein wichtiger Anstoß zu dem gesamten Unterfangen waren auch die Studienproteste an der ‚Freien' Universität Berlin, wo ich im Herbst 2009 außerhalb von Seminaren und Vorlesungen einiges über undemokratische und unternehmerische Strukturen an deutschen Hochschulen lernte. Die Erinnerung an die damalige Hörsaalbesetzung und die Menschen, die ich in diesem Zusammenhang kennen gelernt habe, sind nach wie vor ein Antrieb für meine Arbeit.

Ebenfalls bedanken möchte ich mich bei den Lehrern, Kindern und Jugendlichen, die ich im Rahmen der Programm-Recherche im September 2011 an der Georg-Christoph-Lichtenberg-Gesamtschule in Göttingen getroffen habe. Seit ich diese Schule kenne, weiß ich, dass gute Bildung frei von Angst, Druck und sozialer Benachteiligung auch in Deutschland gelingen kann. Ich möchte jedem angehenden Lehramtsstudenten wärmstens empfehlen, an dieser Schule einmal zu hospitieren und sich mit den dort ausgearbeiteten Konzepten auseinanderzusetzen. Denn Vorbilder für ein gutes Bildungssystem gibt es längst auch in Deutschland. Ihnen wird zwischen PISA-Panik und Hochschulranking-Hysterie nur leider viel zu wenig Beachtung geschenkt.

Das vorliegende Buch soll ein Beitrag zu einer Debatte sein, von der ich mir wünsche, dass sie in den kommenden Jahren möglichst fruchtbar verläuft. Zwar beschäftigen sich die hier versammelten Texte augenscheinlich mit Gegenwart oder Vergangenheit, aber eigentlich geht es um Zukunft.

Michael Feindler, im Februar 2013

Zuckerbrot und Peitsche 2012

Ein Essay.

Die Jugend gilt als gesellschaftlicher Seismograf.[1] Wer wissen möchte, in welche Richtung sich Land und Leute entwickeln, zieht am besten empirische Studien über Verhalten und Umweltwahrnehmung junger Menschen zurate. Denn Jugendliche reagieren in der Regel weitaus sensibler auf gesellschaftliche Veränderungen und Trends als ihre erwachsenen Zeitgenossen.

Kein Wunder – schließlich kann in dieser Lebensphase jeder von außen aufgenommene Reiz ein Stückweit zur angestrebten Identitätsfindung beitragen. Demnach ließe sich auch an meiner Generation ablesen, welche Entwicklungen sich für die Zukunft unsere Gesellschaft abzeichnen.

Vieles deutet darauf hin, dass die Suche nach der eigenen Identität noch nie so frei gestaltet werden konnte wie in unserer Generation. Andererseits vermitteln die wirtschaftlichen und sozialpolitischen Krisen der vergangenen Jahre ein Bild ständiger Unsicherheiten, die eigentlich nur als Hindernis für die Entfaltung neu gewonnener Freiheiten angesehen werden können.

Zwei Sätze, die unsere Jugend maßgeblich geprägt haben, bringen die Zwiespältigkeit, mit der wir zwangsläufig die Möglichkeiten in unserer Umwelt wahrnehmen, auf den Punkt:

---

[1] Jugendliche als „gesellschaftliche Seismografen" anzusehen, ist eine These, die u. a. der Sozialwissenschaftler Klaus Hurrelmann – seit einigen Jahren Leiter der Shell-Jugendstudien – vertritt und seinem Buch *Lebensphase Jugend* zu Grunde legt. So schreibt Hurrelmann zu Anfang des Buches, „die angehörigen der Lebensphase Jugend seien die Vorreiter einer modernen Lebensführung, die auf die ökonomischen, kulturellen, sozialen und ökologischen Bedingungen der gegenwärtigen Gesellschaft jeweils eine spontane und intuitive Antwort geben" (S. 8).

1. Alles ist möglich.
2. Es gibt keine Alternative.

Im Folgenden möchte ich die Hintergründe dieser Aussagen näher darstellen, um anschließend die gefährliche – aber gesellschaftlich längst erfolgte – Synthese aus beiden zu erläutern. Denn hinter den zunächst widersprüchlich wirkenden Sätzen verbirgt sich nicht weniger als die modernisierte Form bewährter Herrschaftsinstrumente, wie man sie bereits in der Antike kannte und nutzte: Zuckerbrot und Peitsche.

1. Die Welt der unbegrenzten Möglichkeiten

Wir können alles erreichen, wenn wir nur wollen. Das hat man uns von Kindesbeinen an beigebracht und wir haben es mit Freude zur Kenntnis genommen. Nicht ohne Grund boomten im Fernsehen Casting-Shows, die diesen Grundgedanken aufnahmen. Sie lieferten die emotionalen Bilder zur Lebenseinstellung unserer Generation, jeder sei seines eigenen Glückes Schmied.

Und nicht nur das: Seit Jahren scheinen uns Globalisierung und technischer Fortschritt auch noch tatkräftig dabei zu unterstützen, uns zu allerhand zu befähigen, was früheren Generationen entweder weit entfernt oder gänzlich unrealistisch erschien. Das beginnt beim riesigen, nach wie vor expandierenden Kommunikationssektor und den daraus erwachsenen Möglichkeiten. Wir stehen mit der ganzen Welt in Kontakt: E-Mails ermöglichen zügigen, komplikationsfreien Austausch; über Facebook bleiben wir mit unseren Backpacker-Bekanntschaften aus Neuseeland verbunden; mit Hilfe von Skype-Telefonie halten wir Fernbeziehungen über

Ländergrenzen hinweg aufrecht oder klinken uns in kurzfristig angesetzte Videokonferenzen ein, ohne das Haus verlassen zu müssen. Überhaupt schenkt uns das Internet eine neue, zuvor nie gekannte Freiheit bezüglich unserer Standortwahl – sowohl privat als auch beruflich; dank Smartphone sind wir immer und überall erreichbar und können jeden von überall erreichen; Telefon-, SMS- und Internet-Flatrates sorgen dafür, dass wir diese Tatsache auch immer und überall ausnutzen. Wir dürfen außerdem (zumindest innerhalb des deutschsprachigen Raumes und in weiten Teilen der EU) immer und überall alles sagen und schreiben, ohne einer nennenswerten Zensur ausgesetzt zu sein – das trifft insbesondere auf das Internet mit seinen unzähligen Chatrooms, Twitter-Accounts, Foren und Blogs zu.

Jede Menge Freiheiten und Möglichkeiten bieten ebenso andere Lebensbereiche, da die Festlegung auf bestimmte funktionale oder geschlechtsspezifische Rollen im sozialen Gefüge noch nie so wenig erwartet wurde wie heute[2]. Wir wählen Universitätsfächer gerne mal nach unseren Neigungen, weniger nach Profitorientierung aus[3], gehen während unserer Studienzeit ins Aus-

---

[2] Der Vollständigkeit halber sei jedoch erwähnt, dass solche Erwartungshaltungen nach wie vor existieren, wenn auch sicher in einem weitaus geringeren Maß als noch in unserer Großelterngeneration.

[3] Die Menge an Studienfächern und Ausbildungen, die Sicherheit und gute Bezahlung im Beruf garantieren können, wirkt oftmals sehr übersichtlich. Daher gilt für viele junge Menschen das Motto, aus der Not eine Tugend zu machen, beziehungsweise krampfhaft nach einer optimistischen Sichtweise der Dinge Ausschau zu halten. So schreiben Cosima Schmitt und Manuel J. Hartung in ihrem Buch *Die netten Jahre sind vorbei*: „Gerade die Unwägbarkeit des Berufslebens gibt uns ein Stück Freiheit zurück. Wenn Karrieren sowieso nicht mehr planbar sind, es keine verlässlichen Wege zum

land und stellen uns auf lebenslanges Lernen ein, wobei der Anfang von Aufbaustudien, Praktika und anderen Weiterbildungsmaßnahmen gemacht wird.

Wir sind mobil und flexibel, sowohl in unserem sozialen als auch in unserem beruflichen Verständnis. Natürlich gibt es hier und da Einschränkungen. Darauf möchte ich jedoch erst später eingehen, weil sie im Moment die – öffentlich meist wahrgenommene – Konstruktion der schönen neuen Welt störten. Grob verkürzt: Wir können tun und lassen, was wir wollen.

Das Zauberwort, das über all diesen Entwicklungen steht, lautet: Individualisierung. Sie gehört zu den großen Errungenschaften der Moderne (vor allem der Aufklärung), welche dem Individuum überhaupt erst Wert und Autonomie in dem Maße zugesprochen hat, wie wir das heute kennen.

Das liegt nicht zuletzt daran, dass man sich Individualisierung erst einmal leisten können muss. Das Wohlstandswachstum in der westlichen Gesellschaft in der zweiten Hälfte des 20. Jahrhunderts hat diese Entwicklung noch einmal beschleunigt. Denn nur wer materiell genügend abgesichert ist, dass er sich selten bis gar nicht existentiell bedroht fühlt, hat Kapazitäten frei, sich neben den finanziell notwendigen beruflichen Tätigkeiten mit einem Luxusgut wie Selbstentfaltung auseinanderzusetzen. Somit hat Materialismus als Wert in der Wahrnehmung der Jugend seit fünf Jahrzehnten stark an Bedeutung verloren. Die finanzielle Basis, auf der wir uns heute bewegen, erscheint uns sicher genug, um uns vielen anderen Dingen des Lebens zuzuwenden, die uns

---

Wohlstand gibt – dann können wir auch gleich das machen, was uns Spaß macht." (S. 28)

bereichern sollen. Schließlich steht uns doch die Welt offen. Trotzdem müssen wir feststellen, dass wir – im Vergleich zur Jugend der 1970er und 80er Jahre – unser Hauptaugenmerk nicht auf postmaterialistische Werte legen. Man spricht heute eher von einem „Wertecocktail"[4], da wir dem Materialismus keinen deutlich untergeordneten Platz in unserem Wertesystem zuweisen.

Auch das ist nur logisch vor dem Hintergrund, dass wir in den vergangenen Jahren eine Politik der leeren Staatskassen mit offensichtlichen, negativen Auswirkungen auf die Sozialsysteme erlebt haben. Das Damoklesschwert der Arbeitslosigkeit schwebt seit der Schulzeit über uns, Eltern und Lehrer haben uns regelmäßig darauf hingewiesen, meist mit einem Anflug von Besorgnis im Blick, der uns keine Angst machen, sondern uns vielmehr vermitteln sollte: „Wir wollen nur Euer Bestes." Klar, spurlos ging das nicht an uns vorüber. Die materiellen Werte gewannen seit Anfang des neuen Jahrtausends wieder etwas mehr an Bedeutung. Denn sobald eine Sache oder Eigenschaft als rar gilt, schreiben Menschen ihr automatisch einen höheren Wert zu. Wir müssen nicht BWL studiert haben, um das nachvollziehen zu können. Wir reagieren einfach auf die Gegebenheiten. Aber wir knicken vor den neuen Herausforderungen nicht ein – sagen wir zumindest.

Die Mehrheit von uns gibt sich weiterhin selbstbewusst und optimistisch, wir haben uns zu einer pragmatischen

---

[4] Der Begriff „Wertecocktail" taucht inzwischen regelmäßig in den *Shell-Jugendstudien* auf. In der Presseerklärung zur 14. Studie von 2002 heißt es dazu: „Jugendliche heute sind pragmatisch. In einem Wertecocktail mixen sie, was ihnen passend erscheint: Fleiß und Macht, Familie und Sicherheit, Kreativität und Lebensstandard – alles geht gleichzeitig."

Generation entwickelt.[5] Wir arrangieren uns mit den Krisen, ob sie nun die Wirtschaftslage, den Klimawandel oder die Energiefrage betreffen. Die Erfahrung hat uns bislang nämlich gelehrt, dass wir unser Glück schon irgendwie finden werden, und sei es auch nur im privaten Lebensbereich.

Denn genau das sind die konkreten Auswirkungen des jugendlichen Pragmatismus: Unsere Generation hat keine großen Visionen und gesellschaftlichen Utopien vorzuweisen, aber sie strebt nach Harmonie und Glück in Familie[6] und Freundeskreis. Das erscheint in einer immer hektischeren, sich immer schneller verändernden Welt (so wird es uns zumindest ständig dargestellt) als überschaubar und machbar. Unser politisches Engagement findet hauptsächlich projektbezogen statt oder in Form von Online-Petitionen, auf eine feste Bindung an Parteien und Verbände verzichten wir normalerweise. Aber immer öfter gelingt es uns, soziales und politisches Engagement mit eigenen Vorteilen zu verbinden. Wenn

---

[5] „Pragmatismus" ist ein Attribut, das ebenfalls wiederholt in den Shell-Jugendstudien der vergangenen Jahre benutzt wird, um die Jugend zu charakterisieren. Das zeigt sich bereits in den jeweiligen Studien-Untertiteln: „Zwischen pragmatischem Idealismus und robustem Materialismus" (2002), „Eine pragmatische Generation unter Druck" (2006), „Eine pragmatische Generation behauptet sich" (2010)

[6] Insbesondere der Trend, der Familie einen wichtigen Stellenwert im Leben zuzuordnen, zeichnet sich heute ab. In der Pressemitteilung zur *Shell-Jugendstudie* vom September 2010 heißt es: „Die Bedeutung der Familie für Jugendliche ist ein weiteres Mal angestiegen. Mehr als drei Viertel der Jugendlichen (76 Prozent) stellen für sich fest, dass man eine Familie braucht, um wirklich glücklich leben zu können. In Zeiten, da die Anforderungen in Schule, Ausbildung und den ersten Berufsjahren steigen, findet der Großteil der Jugendlichen bei den Eltern Rückhalt und emotionale Unterstützung. [...] Wieder zugenommen hat der Wunsch nach eigenen Kindern."

wir beispielsweise ein Jahr lang Entwicklungshilfe im Ausland leisten – wie das inzwischen immer mehr junge Menschen nach Ende ihrer Schulzeit im Rahmen des Programms „Weltwärts" tun – erwerben wir durch diese Tätigkeit nützliche interkulturelle Kompetenzen, die sich gut im Lebenslauf machen.

Das entwertet nicht unsere Arbeit. Es fühlt sich jedoch gut an, wenn wir aus sozialem Engagement auch noch ein Stückweit Profit für die eigene Karriere schlagen können. Wir verbinden auf diese Weise das allgemein Notwendige mit dem persönlich Nützlichen. Schließlich wollen wir auf dem Weg nach oben keine Zeit vergeuden oder gar Lücken in unserem Lebenslauf lassen.

Dass ein grundsätzlicher Systemwechsel unserer Welt gut täte, glauben wir eigentlich nicht. Mit Adornos berühmtem Satz „Es gibt kein richtiges Leben im falschen"[7] können wir somit nur wenig anfangen. Als so falsch sehen wir das Leben um uns herum nämlich gar nicht an. Schließlich entdecken wir in unserem Alltag hauptsächlich Vorteile der Konsum- und Informations-

---

[7] Der zum geflügelten Wort gewordene Satz „Es gibt kein richtiges Leben im falschen" des Philosophen Theodor W. Adorno entstammt seinem Werk *Minima Moralia. Reflexionen aus dem beschädigten Leben* (Suhrkamp 1951, neue Ausgabe 2003, S. 43). In der *Zeit* 19/2001 schreibt Martin Seel als Erläuterung darüber: „Er [der Satz, *Anm. des Autors*] bildet die abschließende Sentenz eines über zwei Seiten langen Aphorismus, der den Schwierigkeiten gewidmet ist, sich in modernen Zeiten irgendwo häuslich einzurichten. Für bare Münze genommen, wäre das ein rein zynischer Satz. Er liefe auf die Ausrede hinaus, da die Möglichkeit richtigen Lebens nun einmal verstellt sei, sei es ganz gleichgültig, wie man sein Leben gestalte. Adorno aber meint das Gegenteil. Anstatt sie aufzuheben, bekräftigt er die Differenz von richtig und falsch. Auch wenn ein im Ganzen richtiges Leben unmöglich ist, so ist es für ein unverblendetes Dasein äußerst wichtig, sich den Sinn für das Richtige nicht abkaufen zu lassen."

gesellschaft, in der wir aufgewachsen sind. Wir akzeptieren die Welt und damit auch die Krisen, sind aber überzeugt, wenigstens im vorgegebenen Rahmen zu Verbesserungen beitragen zu können.

Wir nennen das auch „effizienten Idealismus"[8]. Wie das Bildungssystem, in dem wir groß wurden, konzentrieren wir uns vermehrt auf Output-Orientierung, um sicherzustellen, dass unser Engagement auch Wirkung zeigt. Deshalb setzen wir eher auf Warenboykotte als auf Parteibeitritte. Außerdem wäre eine Verbandsmitgliedschaft mit regelmäßigen Verpflichtungen verbunden, die uns in unserer freien Entfaltung einschränkten. Wir wären weniger flexibel.

„Flexibilisierung" ist ein weiteres Wort, das regelmäßig im Zusammenhang mit dem verstärkten Individualisierungsprozess unserer Generation auftaucht. Wir legen uns ungern fest. Wir wollen uns die Möglichkeit offen halten, unsere berufliche Richtung, unsere privaten Verhältnisse, notfalls unseren Standpunkt zu verändern, wenn uns danach sein sollte. Ständig haben wir Angst etwas zu verpassen. Das ist nämlich die Kehrseite der Medaille: Wer in einer Welt der unbegrenzten Möglichkeiten lebt, muss immer wieder fürchten, eine der vielen Möglichkeiten zu übersehen.[9] Wir können und wollen

---

[8] In einer Debatte über die Jugend in der Wochenzeitung *Die Zeit* (Ausgaben 36-38/2008) verteidigten die beiden Journalisten Manuel J. Hartung und Cosima Schmitt ihre eigene Generation unter dem Titel „Die effizienten Idealisten" (*Die Zeit* 37/2008). Den Begriff des „effizienten Idealismus" greifen die beiden Autoren ebenfalls in ihrem 2010 erschienen Buch *Die netten Jahre sind vorbei* auf.

[9] Der Soziologieprofessor Hartmut Rosa analysiert in seinem Werk *Beschleunigung* die *Veränderung der Zeitstrukturen in der Moderne* und kommt im Zusammenhang mit heutigen Entscheidungsfindungen zu folgendem Schluss: „Wer sich den stetig wechselnden Hand-

uns nicht endgültig entscheiden, reisen durch die Welt, machen noch ein Praktikum, hängen ein weiteres Aufbaustudium dran, zögern die Gründung einer Familie hinaus und warten auf den Tag, an dem wir endlich Klarheit haben werden. Wie lange wir warten müssen, wissen wir nicht. Aber die Hoffnung stirbt bekanntlich zuletzt und wir werden nicht müde, uns optimistisch zu geben. Interessanterweise schätzen mehr als drei Viertel der Jugendlichen die Stimmung in Deutschland als tendenziell pessimistisch ein, aber nicht einmal die Hälfte würde sich selbst dazu zählen.[10]

lungsbedingungen nicht immer wieder von Neuem anpasst [...], verliert die Anschlussvoraussetzungen und -optionen für die Zukunft. [...] Die Handlungs- und Selektionsbedingungen selbst ändern sich multidimensional und beständig, sodass es keine Ruheposition mehr gibt, von der aus Optionen und Anschlüsse ‚in Ruhe‘ sondiert werden könnten. Wie bei einem Erdrutsch ändern sich dabei nicht alle (Boden-)Schichten im gleichen Tempo: Es kommt [...] zu Desynchronisationserscheinungen, durch die sich verschiedene Bereiche in unterschiedlichem Tempo bewegen, und es bilden sich immer wieder einzelne ‚Entschleunigungsoasen‘, die, wie stabile Felsstücke in einem Erdrutsch, limitierte Stabilität in einer sich weiterhin rasant verändernden Umgebung versprechen. Das Ergebnis ist gleichwohl eine permanente Umgestaltung der ‚Entscheidungslandschaft‘, die nicht nur Erfahrungen und Wissensbestände stets von Neuem entwertet, sondern es auch nahezu unmöglich macht vorherzusagen, *welche* Anschlussoptionen und Handlungschancen in Zukunft relevant und wichtig sein werden. Wo es aber schwierig wird, Relevanzen vorherzusagen, ist es eine natürliche Reaktion zu versuchen, möglichst viele oder alle Optionen für spätere Realisierungen offen zu halten." (S. 190/191)

[10] Diese Einschätzung stützt sich auf einen Abschnitt in Meredith Haafs Buch *Heult doch*: „Das Problem sind nicht Hunderttausende Pessimisten oder dass hier eine Kohorte von nachdenklichen und hyperbewussten Hängern heranwächst. Doch beurteilten zum Beispiel in der großen *NEON*-Umfrage von 2009 fast drei Viertel der 18- bis 35-Jährigen die Stimmung in Deutschland als ‚ängstlich‘, ‚pessimistisch‘ oder ‚resigniert‘. Dass sich nur knapp 40 Prozent

Insgeheim wissen wir jedoch, dass wir uns nicht ewig vor Entscheidungen drücken können. Zwar hat sich die Lebensphase Jugend seit Anfang des 20. Jahrhunderts kontinuierlich verlängert, indem das Erreichen der klassischen Entwicklungsstufen (erster Arbeitsvertrag, Familiengründung, etc.), die früher als Beleg für den Erwachsenenstatus galten, immer weiter aufgeschoben wurde oder ganz ausblieb[11]; doch irgendwann, das ist uns bewusst, werden wir in dieser Gesellschaft als mündig gelten. Dann werden wir politische und soziale Verantwortung übernehmen müssen.

---

selbst so beschrieben, sagt nicht viel über unsere Perspektiven: Denn paradoxerweise zwingt die spezifische Angst unserer Zeit uns zum positiven Denken. Weil es ja ohnehin das Einzige ist, was man wirklich tun kann." (S. 90)

[11] Laut Klaus Hurrelmann in *Lebensphase Jugend* korrespondieren die „wichtigsten Teilbereiche des Erwachsenenstatus [...] mit den vier Entwicklungsaufgaben im Jugendalter: 1. die *Berufsrolle* als ökonomisch selbstständig Handelnder, 2. die *Partner- und Familienrolle* als verantwortlicher Familiengründer, 3. die *Konsumentenrolle* einschließlich der Nutzung des Mediensektors und 4. die *Rolle als politischer Bürger* mit eigener Wertorientierung. Ist der Übergang in diese Teilrollen des Erwachsenenstatus vollzogen, dann ist der Austritt aus dem Jugendalter erfolgt. Dieser Prozess dauert so lange an, bis in allen vier Bereichen ein dem Erwachsenenstatus entsprechender Grad von Autonomie der Handlungssteuerung erreicht wird." (S. 34/35) In den 1950er Jahren ließ sich in Deutschland noch relativ klar festlegen, wann jemand nicht mehr als Jugendlicher galt. Heute lässt sich das weniger eindeutig sagen. Denn „je komplexer und differenzierter Gesellschaften werden, desto unübersichtlicher und unverbindlicher werden die Regelungen, die die Teilnahme des Einzelnen am sozialen Handeln steuern. Die rechtlichen Regelungen verlieren – wegen der offenen Struktur unserer Gesellschaften und der demokratischen Verfassung, aber auch wegen der Umgestaltung der biografischen Phasen im gesamten Lebenslauf und der Beschleunigung der körperlichen und psychischen Entwicklung der Jugendlichen – ihre Verbindlichkeit." (S. 35)

Bislang beschränken wir uns oftmals darauf, in einem überschaubaren privaten Rahmen verantwortlich zu handeln. Wenn wir darin etwas zum Positiven verändern, merken wir das immerhin leicht. Dann fühlen wir uns in unserem effizienten Idealismus bestätigt und weniger verloren in dieser Welt, deren zahlreiche Möglichkeiten wir einerseits schätzen und die uns andererseits überfordert. Denn von Tag zu Tag wird uns mehr bewusst, dass die neuen Freiheiten nur eine Illusion sind.

Häufiger als an den Verhältnissen, in denen wir leben, zweifeln wir am eigenen Handeln und daran, ob wir in einem bestimmten Lebensbereich wirklich die richtige Entscheidung getroffen haben. Das zeigt, wie sehr wir die Rahmenbedingungen als gegeben, nur bedingt veränderbar und somit unfrei akzeptiert haben. Durchgängig die so genannten Sachzwänge im Blick, sind wir überzeugt: Es gibt dazu keine Alternative.

2. Die Welt der Alternativlosigkeiten

Nicht erst seit dem Jahr 2010, als das Attribut „alternativlos" zum Unwort des Jahres gewählt wurde, kennen wir die Symptome einer Politik, die den Begriff regelmäßig als Begründung für einschneidende gesellschaftliche Maßnahmen benutzt.[12] So haben wir seit Anfang

---

[12] Wenn eine Regierung behauptet, etwas sei alternativlos, bestreitet sie damit ihren eigenen Handlungsspielraum und ihre Kompetenz, politische Richtlinien vorzugeben. Die Frage ist nur, woher die Richtlinien dann kommen, wenn nicht aus der Politik. Der Soziologe und Politikwissenschaftler Colin Crouch stellt in seinem Essay *Postdemokratie* fest: „Wir leben in einer Welt, in der [...] der Glaube an das überlegene Wissen erfolgreicher Unternehmen eine Ideologie darstellt, die niemand mehr hinterfragt. Daher rührt das chronisch

des neuen Jahrtausends die schrittweise Aushöhlung der deutschen Sozialsysteme erlebt: Aufgrund eines angeblich dramatischen demographischen Wandels[13] sinkt das Rentenniveau und zwingt (laut führender Versicherungsunternehmen und ihren parteipolitischen Komplizen) zur privaten Vorsorge, der Kündigungsschutz ist eine überholte Idee aus einer wirtschaftlich rosigeren Vergangenheit und Arbeitslose in Deutschland sollen sich mit einem Gesetz namens „Hartz IV" arrangieren und sich möglichst nicht über die damit einhergehende relative Armut beschweren.

Daneben haben wir den Anstieg der Leiharbeit und das Absinken der durchschnittlichen Reallöhne erlebt, fragten uns zwischendurch, wann der wirtschaftliche Aufschwung auch mal bei uns ankäme, und beschlossen eine Woche lang, Nokia zu boykottieren, weil das Un-

---

schwache Selbstvertrauen, unter dem die öffentlichen Institutionen auf allen Ebenen leiden [...]. Um ihre Selbstachtung zu bewahren und sich ein Minimum an Legitimität zu verschaffen, versuchen sie, sich so stark wie möglich privaten Märkten anzugleichen (z.B. durch die Einführung interner Märkte), indem sie auf das Fachwissen, auf Berater und auf die Dienste des privaten Sektors zurückgreifen und möglichst große Teile der (vormals) staatlichen Leistungen privatisieren und generell dem Urteil der Finanzmärkte aussetzen." (S. 127)

[13] Der Statistikprofessor Gerd Bosbach und der Politologe Jens Jürgen Korff geben in ihrem Buch *Lügen mit Zahlen* zu bedenken: „Eine Bevölkerungsprognose für die nächsten 50 Jahre ist das Papier nicht wert, auf dem sie steht. Das wird klar, sobald wir uns anschauen, was eine Bevölkerungsprognose aus dem Jahr 1950 für das Jahr 2000 alles zwangsläufig übersehen hätte: den Babyboom um 1960, die Antibabypille, den Zuzug der Gastarbeiter und ihrer Familien, den Trend zur Ein-Kind-Familie und zu Single-Haushalten in den 1980er- und 1990er-Jahren, den Zusammenbruch des Ostblocks und den Zuzug von über 3 Millionen Aussiedlern. Strukturumbrüche ähnlicher Größenordnung werden auch in Zukunft stattfinden und jede langfristige Prognose zur Makulatur machen." (S. 139)

ternehmen von heute auf morgen seine Belegschaft in Bochum entließ, um im rumänischen Ausland günstiger weiterzuproduzieren[14]. Letztendlich nahmen wir aber auch das hin. Denn es war alternativlos, wie man uns sagte. Alternativlos wie die Globalisierung, deren Auswirkungen von den meisten jungen Menschen nach wie vor als eher positiv angesehen werden. Globalisierung bedeutet für uns nämlich in erster Linie interkulturellen Austausch, Reise-Erleichterungen und eine Vereinfachung des Konsums durch entsprechende internationale Infrastrukturen.[15] Die negativen Seiten klammern wir lieber aus, da wir glauben, sie ohnehin nicht ändern zu können. Denn die sind eben ein unangenehmer Neben-

---

[14] Eine Zwischenbemerkung: Bevor wir uns zurücklehnen und auf die bösen Unternehmen schimpfen, die einfach ins Ausland gehen, um Geld zu sparen, sollten wir uns vor Augen führen, dass der deutsche Staat diese Einstellung selbst immer wieder gefördert hat. Der Fall des Nokia-Standorts Bochum im Jahr 2008 ist geradezu ein Paradebeispiel dafür. Wie später Rumänien, hatte das Land Nordrhein-Westfalen bereits ein paar Jahre zuvor den Handyhersteller mit Subventionen in die Bundesrepublik gelockt und somit besonders günstige Produktionsbedingungen geschaffen. Inzwischen hat Nokia aber auch das Werk in Rumänien schließen lassen, da es lohnenswerter schien, die Produktionsstätten in China weiter auszubauen.

[15] In der *Shell-Jugendstudie 2010* schreiben Ulrich Schneekloth und Mathias Albert dazu: „Nach wie vor prägend ist für vier von fünf Jugendlichen, dass mit Globalisierung die Freiheit verbunden wird, in der ganzen Welt reisen, studieren oder arbeiten zu können, sowie kulturelle Vielfalt. Im Vergleich zu den Ergebnissen der letzten Shell Jugendstudie fällt allerdings die deutlich stärkere Assoziation von Globalisierung mit wirtschaftlichem Wohlstand auf. [...] Bemerkenswert ist dabei, dass sich die Einstellungen der Jugendlichen zur Globalisierung in vielen Aspekten nicht voneinander unterscheiden, wenn man nach dem Bildungsgrad differenziert. Insbesondere die überraschend starke Assoziation von Globalisierung mit wirtschaftlichem Wohlstand variiert praktisch nicht nach Bildungsgrad." (S. 172)

effekt, den man hinnehmen muss, da – wie erwähnt – alternativlos.

Als weltweit mehrere Banken, die sich verspekuliert hatten, mit hunderten Milliarden an Steuergeldern vor dem Untergang gerettet wurden, sagte man uns ebenfalls, es gebe dazu keine Alternative. Wir akzeptierten das, wenn auch zähneknirschend. Ein paar von uns schlossen sich als Reaktion darauf der Occupy-Bewegung an, die anderen blieben weiterhin ihrem „effizienten Idealismus" verhaftet. Die Bankenkrise hatte uns nämlich vor allem darin bestätigt, dass wir wirklich kaum Einfluss auf die politischen und wirtschaftlichen Prozesse hatten. Und auch die Eurokrise schien sich irgendwann zu verselbstständigen, und Deutschland stimmte den Rest Europas auf einen harten Austeritätskurs (um nicht das beschönigende Wort „Sparkurs" zu verwenden) ein[16], der

---

[16] „Austerität" leitet sich vom Lateinischen „austeritas" (deutsch: Herbheit, auch im Sinne von „strenger Enthaltsamkeit") ab und suggeriert – im Gegensatz zum Begriff „Sparen" – nicht, dass man Geld zurücklegt, um später mehr davon zu haben. Unter dem Titel „Wenn Theorie und Realität einfach nicht zusammenfinden wollen" schreibt der Wirtschaftsjournalist Jens Berger dazu im Blog *Nachdenkseiten*: „In den deutschen Massenmedien wird Austeritätspolitik meist fälschlicherweise als Sparpolitik bezeichnet. Der Begriff ‚Sparen' ist nun einmal positiv besetzt und legt nahe, dass derjenige, der spart, später mehr Geld zur Verfügung hat. Wer auf der Ausgabenseite spart, macht weniger Verluste und reduziert somit sein Defizit – so zumindest die Theorie, die, volkswirtschaftlich betrachtet, intellektuell auf einer Stufe mit [dem] Leitbild der schwäbischen Hausfrau rangiert. Ein Staat ist nun einmal kein Privathaushalt und Ausgabenkürzungen schlagen immer auch auf andere Teilnehmer der Volkswirtschaft zurück. Austeritätspolitik ist jedoch mehr als ‚nur' die Kürzung von Ausgaben in den öffentlichen Haushalten. Zu einer echten Austeritätspolitik gehören auch neoliberale Reformen – der Staat zieht sich aus verschiedenen Bereichen zurück und überlässt

– darin war sich die Mehrheit der Politiker einig –
alternativlos war.

Seit wir denken können, haben wir Rahmenbedingungen vorgegeben bekommen, die so gut wie nie in Frage
gestellt wurden, geschweige denn, dass es konkrete Ge-
genentwürfe dazu gegeben hätte. Wir sind eine Generation, die den kalten Krieg nicht mehr (oder zumindest
nicht mit politischem Bewusstsein) erlebt hat. Die Ge-
genüberstellung von Kapitalismus und Sozialismus kennen wir hauptsächlich aus den Geschichtsbüchern; den
Kommunismus in China können wir nicht ernst nehmen, weil wir das Land mit günstiger Produktion und
teils menschenunwürdigen Arbeitbedingungen in Ver-
bindung bringen, aber ganz bestimmt nicht mit den
utopistischen Ansätzen eines Karl Marx. Dem kapitali-
stisch geprägten System der Westmächte steht nichts gegenüber, das heutzutage noch einen ähnlichen Einfluss
hätte. Der Westen hat gewonnen. Und was er bestimmt,
ist zwangsläufig alternativlos.[17]

---

diese Bereiche ‚dem Markt'. Zur Austeritätspolitik gehören beispielsweise auch die Deregulierung des Arbeitsmarkts und die Privatisierung ehemals öffentlicher Aufgabenfelder." (02.10.2012, 12.34
Uhr)

[17] Der Philologe und Journalist Ingo Schulze schreibt in seinem
Buch *Unsere schönen neuen Kleider* über die weitverbreitete Selbst-
wahrnehmung nach dem Mauerfall 1989: „Der Westen in seiner real
existierenden Form besaß nach seinem offiziellen Selbstverständnis
keinen Gegenentwurf mehr, wir waren in einer alternativlosen Welt
angekommen. Demokratie, Freiheit, soziale Gerechtigkeit und
Wohlstand schienen nur in einer Marktwirtschaft existieren zu können, in der es Privateigentum an Produktionsmitteln gab. [...] Wun-
dern aber hätte man sich schon dürfen, warum die Implosion des
Ostens jede Alternative zum Bestehenden aus dem gesellschaftlichen
Bewusstsein verbannen konnte. Denn die erstarrte Gestalt des real
existierenden Sozialismus wurde ja nie – zumindest nicht von der
Mehrheit jener, die ihn zu leben hatten – als Alternative verstanden.

Aber wann und wo hätten wir denn bitte lernen sollen, diese Gegebenheiten zu hinterfragen? In der Schule etwa? An der Universität? Nein, das erscheint leider unrealistisch. Denn auch das Bildungssystem passt perfekt in das Schema einer Politik der Alternativlosigkeit. Die Institutionen, in denen wir die meiste Zeit unserer Jugend verbracht haben, haben uns in dieser Hinsicht merklich geprägt. Zunächst einmal haben wir die dort verbreitete und angewandte Leistungsethik als Richtlinie für das weitere Fortkommen im Leben akzeptiert. Selektion nach der Grundschule und Bezifferung der individuellen Leistung mit Noten stimmen bereits früh auf diesen Weg ein. Kinder verfügen dabei noch nicht über ausreichendes Reflexionsvermögen beziehungsweise das hierzu nötige Hintergrundwissen, um die zweifelhafte Basis des Bildungssystems zu hinterfragen.

Die schulischen Mechanismen (vor allem Benotung und Selektion) werden als unveränderbare Gegebenheiten angesehen – anders ausgedrückt: als alternativlos. So sieht die Mehrheit der deutschen Schülerinnen und Schüler den hauptsächlichen Sinn der Schule nicht etwa darin, inhaltlich und methodisch auf ein selbstständig geführtes Leben vorbereitet zu werden, sondern allein im Erwerb von Zertifikaten, die einem dann das Fortkommen in der Gesellschaft erleichtern sollen.[18] Das ist

---

Das war ein vormundschaftlicher Staat, keine Demokratie. Und Freiheit und Demokratie waren ja die Forderungen des Herbstes 89. Es gab kein Plakat, keinen Slogan, keinen Sprechchor für die Privatisierung, keine Forderung, das Recht auf Arbeit abzuschaffen. Warum sollten Freiheit und Demokratie nicht mit dem gesellschaftlichen Eigentum an Produktionsmitteln möglich sein?" (S. 50/51)

[18] Als Ergebnis aus Studien mit 14- bis 21-jährigen Jugendlichen führt Klaus Hurrelmann in *Lebensphase Jugend* an, ein Großteil der Schülerinnen und Schüler (wie übrigens auch der Lehrer und Eltern) vertrete die Ansicht, „dass das Abschlusszeugnis das eigentlich wich-

Output-Orientierung in ihrer reinsten Form. Konkurrenz- und Wettbewerbsdenken, von klein auf eingetrichtert, erstickt die angeborene Neugier bereits im Keim. Denn der Druck, der von außen aufgebaut wird, fördert vor allem Angst. Und Angst ist nicht nur sprichwörtlich ein schlechter Ratgeber. Sie verhindert konsequent effektives Lernen. Die Hirnforschung liefert längst reihenweise Belege dafür, dass Begeisterung ein grundlegender Faktor ist, damit etwas im Langzeitgedächtnis bleibt.[19] Angst hingegen blockiert den Lernprozess.

---

tige Resultat der Lernvorgänge in der Schule sei. [...] Dieses Deutungsmuster [...] zwingt sie zu einer instrumentellen Sichtweise der Schule. Der Wert des schulischen Bildungsprozesses drückt sich demnach maßgeblich in dem Wert des Abschlusszertifikats aus. Die Schülerinnen und Schüler bewältigen diese Orientierung, indem sie die schulische Tätigkeit wie eine industrielle, quasi den Gesetzen von Lohnarbeit folgende Beschäftigung, definieren und gestalten. Der Lohn ist für sie das Zeugnis mit seinem Tauschwert für vermeintlich erfüllendere Lebensbereiche. Diese Untersuchungsergebnisse sind aus erziehungswissenschaftlicher und biographietheoretischer Perspektive ernüchternd, denn der Sozialisationsinstanz Schule wird keine pädagogisch wertvolle Bildungsfunktion, sondern nur eine Qualifizierungsfunktion zugeschrieben." (S. 96)

[19] In einem Text unter dem Titel *Begeisterung* schreibt der Hirnforscher Gerald Hüther auf seiner Website: „Leider ist vielen Erwachsenen genau das weitgehend verloren gegangen, was einem Kind die pure Lebensfreude vermittelt: die Begeisterung. Zwanzig bis fünfzig Mal am Tag erlebt ein Kleinkind einen Zustand größter Begeisterung. Und jedes Mal kommt es dabei im Gehirn zur Aktivierung der emotionalen Zentren. Die dort liegenden Nervenzellen haben lange Fortsätze, die in alle anderen Bereiche des Gehirns ziehen. An den Enden dieser Fortsätze wird ein *Cocktail* von neuroplastischen Botenstoffen ausgeschüttet. Diese werden für das Auswachsen neuer Fortsätze, für die Bildung neuer Kontakte und für die Festigung und Stabilisierung all jener Verknüpfungen gebraucht, die im Hirn zur Lösung eines Problems oder zur Bewältigung einer neuen Herausforderung aktiviert worden sind. Das ist der Grund, warum wir bei all dem, was wir mit Begeisterung machen, auch so schnell immer besser

Doch mit zunehmenden wissenschaftlichen Erkenntnissen über positive und negative Einwirkungen auf das Gehirn junger Menschen stieg in den letzten Jahren paradoxerweise ebenfalls der wahrgenommene Druck auf Schüler und Studenten. Die wachsende Anzahl an Minderjährigen, die regelmäßig unter Spannungskopfschmerzen leiden, untermauert dabei die Befürchtung, dass die Jugend den gesellschaftlichen Erwartungen kaum noch gewachsen ist.[20] In den gesundheitlichen

---

werden. Jeder kleine Sturm der Begeisterung führt gewissermaßen dazu, dass im Hirn ein selbsterzeugtes Doping abläuft. So werden all jene Stoffe produziert, die für alle Wachstums- und Umbauprozesse von neuronalen Netzwerken gebraucht werden." (http://www.gerald-huether.de/populaer/veroeffentlichungen-von-gerald-huether/texte, Stand: 29.01.2012)

[20] Felicitas Römer geht in ihrem Buch *Arme Super-Kinder* auf Studienergebnisse der Deutschen Schmerzgesellschaft DGSS ein: „Bereits im Vorschulalter klagen 10 bis 20 Prozent der Jungen und Mädchen über gelegentliche Kopfschmerzen, bis zum Ende der Grundschulzeit haben alle Kinder bereits mehrmals unter Kopfschmerzen gelitten. Einer Untersuchung zufolge handelt es sich in der großen Mehrheit der Fälle um Spannungskopfschmerzen. Ursachen hierfür sind Verspannungen der Kopf-, Nacken- und der Schultermuskulatur. Ein Ausdruck von Stress." (S. 54/55) Das ist jedoch erst der Anfang, von schwerwiegenderen psychischen Leiden wie Essstörungen, die in den letzten Jahren ebenfalls immer häufiger unter Jugendlichen vorkommen, ganz zu schweigen. Psychotherapeutische Praxen haben seit einigen Jahren einen stetig wachsenden Zulauf – sowohl in Deutschland als auch in Nachbarländern wie beispielsweise Frankreich, wo die beiden Therapeuten Miguel Benasayag und Gérard Schmit ein Buch über diese Problematik geschrieben haben. Unter dem Titel *Die verweigerte Zukunft. Nicht die Kinder sind krank, sondern die Gesellschaft, die sie in Therapie schickt* zeigen sie auf, dass die psychischen Probleme vieler Kinder und Jugendliche nicht allein auf das jeweilige soziale Umfeld zurückgeführt werden sollten, sondern ihren Ursprung in einer tiefgreifenden gesellschaftlichen Krise haben. Die als Störfaktor wahrgenommenen Kinder mit Ritalin ruhig zu stellen, bekämpft dabei maximal vorübergehend die Symptome,

Auswirkungen spiegelt sich eine Ohnmacht wieder, die für das Zeitalter der Alternativlosigkeiten charakteristisch ist.

Unsere Generation hat bei all den gewonnen Freiheiten nämlich das Recht zu scheitern verloren. Wir wissen, dass es später nicht leicht wird, sich auf dem Arbeitsmarkt durchzuschlagen und dass vieles von unserem Bildungsabschluss abhängen wird. Zumindest redet man uns immer wieder ein, Bildung sei der wichtigste Schlüssel zum Erfolg, obgleich das Erfolgspotential bereits mit der Geburt in die Herkunftsfamilie festgelegt wird. Und in dieser Herkunftsfamilie entscheidet sich auch, welche sozialen Ressourcen (also Netzwerke, finanziellen Mittel, persönliche Unterstützung, gesellschaftlich anerkannter Status, etc.) einem Menschen in der Jugend zur Verfügung stehen. Von diesen Ressourcen hängt die gefühlte Sicherheit eines Jugendlichen im Entwicklungsprozess ab.[21] Nur wer das Gefühl hat, sich in Notsituationen in

---

nicht aber die Ursachen. Die Autoren stellen klar: „Nur weil mehr oder weniger alles Soziale auch eine psychologische Dimension hat, kann man nicht alles auf diese zurückführen und Psychotherapeuten und -analytiker gewissermaßen zu Gurus stilisieren, die man jederzeit zu Rate ziehen kann und von denen man annimmt, sie hätten zu allem und jedem was zu sagen" (S. 11).

[21] In Anlehnung an L. B. Hendrys und M. Kloeps Werk *Lifespan developement. Recources, challenges and risks* (Thompson, Oxford 2002) erläutert Klaus Hurrelmann in *Lebensphase Jugend* das „Konzept der Ressourcen": „Dieses Konzept geht von der Annahme aus, die Fähigkeit zur Aufgabenlösung im gesamten nachfolgenden Lebenslauf hänge von den entsprechenden Erfahrungen im Jugendalter ab. Das Ausmaß, wie Aufgaben in der Lebensphase Jugend gelöst werden, richtet sich nach den Ressourcen, die ein Individuum besitzt. Die personalen Ressourcen sind genetische Veranlagung, Temperament, Potenziale für verschiedene Talente, die Anfälligkeit für bestimmte Krankheiten, Charaktereigenschaften, Körperform und Attraktivität. [...] Die sozialen Ressourcen bestehen aus dem Kontaktnetz und der

ein sicheres Netz fallen lassen und jederzeit sein Umfeld um Rat fragen zu können, ist in der Lage, eine selbstbewusste, standhafte und entscheidungsstarke Persönlichkeit zu entwickeln.

Die Notwendigkeit dieser Ressourcen wird durch Behauptungen wie, jeder sei seines eigenen Glückes Schmied, geleugnet. So werden Menschen, die aufgrund einer noch nicht abgeschlossenen Identitätsfindung nur bedingt ihre eigene Positionierung in der Gesellschaft verantworten können, mit dem Zwang konfrontiert, sich durch eigene Leistungen einen sicheren Status zu erarbeiten – möglichst ohne dabei zu scheitern. Denn einen Fehler zu machen, kann immense Auswirkungen auf den Bildungsweg und das spätere Leben haben, wie bereits Grundschüler wissen, die befürchten, ihre Eltern zu enttäuschen, wenn sie keine Gymnasialempfehlung erhalten.

Auch dieses Beispiel zeigt, wie der Leistungsdruck kontinuierlich von oben nach unten weitergegeben wird: Von den PISA-geschädigten Bildungsministerien an die Lehrer, von den Lehrern an die Schüler, vom Arbeitsmarkt an die Eltern und von den Eltern wiederum an ihre schulpflichtigen Kinder. Dabei verliert man den Entwicklungsprozess der jungen Menschen immer weiter aus den Augen, indem das Hauptaugenmerk auf

---

Qualität der sozialen Beziehungen. [...] Das subjektive Gefühl, einen relativ vollen *Ressourcen-Pool* zu haben, um mit beinahe allen Aufgaben und Herausforderungen des täglichen Lebens zurecht zu kommen, vermittelt nach der Theorie von Kloep und Hendry ein Gefühl von Sicherheit. [...] Die Sicherheit, die aus einem relativ vollen ‚Ressourcen-Pool' resultiert, garantiert Widerstandsfähigkeit, Stehvermögen, Ausdauer und Zähigkeit, also das Vorhandensein allgemeiner stresswiderstehender Qualitäten." (S.62/63)

„Output-Orientierung"[22] und internationale „Bildungs-standards"[23] gelegt wird.

Die PISA-Tests und die Bologna-Reform an deutschen Hochschulen gehören zu den Repräsentanten dieser Einstellung, die wiederum eng mit der alternativlosen Sichtweise auf Politik und Gesellschaft verknüpft ist. Als beispielsweise 2001 die erste PISA-Studie veröffentlicht wurde, fragte kaum jemand, welchen Bildungsbegriff die OECD, die Auftraggeberin der Studie, den Tests zu Grunde legte. Selbstverständlich ist es naheliegend, dass die OECD als „Organisation für wirtschaftliche Zu-sammenarbeit und Entwicklung" Bildung vor allem als Mittel zur ökonomischen Verwertbarkeit von Human-kapital ansieht.[24] Doch anstatt das in einem Diskurs

---

[22] Der Erziehungswissenschaftler Jochen Krautz schreibt in seinem Buch *Ware Bildung* über die Output-Orientierung im Bildungsbe-reich: „Der komplexe Bildungsprozess wird reduziert auf vorformu-lierte Ergebniserwartungen und deren Überprüfung [...]. Solche Output-Orientierung sei dem bisherigen Steuerungsmodell überle-gen, so wird argumentiert. Bislang wurden als ‚Input' in Lehrplänen allgemeine und spezifische Ziele für Unterricht und Erziehung for-muliert, die erreicht werden sollten. Dies gilt allerdings jetzt als unef-fektiv, weil man nicht genau wüsste, was dabei herauskommt. Der Entscheidungsfreiraum für die jeweilige Schule und den Lehrer sei zu groß. Das stimmt sogar in gewisser Weise: Denn man kann nicht genau wissen, was in einem Bildungsprozess herauskommt, der auf eine freie Entfaltung des Menschen zielt." (S. 121/122)

[23] „Von ‚Bildungs'standards zu reden, wenn es um die Normierung wirtschaftlicher Effizienz geht", bezeichnet Jochen Krautz in *Ware Bildung* als „reine Augenwischerei. Es sind Leistungsstandards zur Er-füllung der Effizienzkriterien. Alles andere muss man wohl eine glat-te Lüge nennen, der leider mancher gutwillige Didaktiker unfreiwil-lig auf den Leim gegangen ist." (S. 136)

[24] „Der PISA-Test zielt auf den homo oeconomicus", analysiert Man-fred Fuhrmann in seinem Buch *Der europäische Bildungskanon des bürgerlichen Zeitalters* (Insel Verlag 2004). „Es geht darin um die ma-

über den Sinn und Zweck von Bildung in Deutschland zu reflektieren und in Frage zu stellen, griffen Politik und Wirtschaft die PISA-Grundlagen dankbar auf, um sich bei künftigen Bildungsreformen daran zu orientieren. Ignoriert wurde auch lange Zeit, dass die PISA-Studie selbst von führenden internationalen Unternehmen entwickelt wurde, welche die Tests nun alle paar Jahre an Staaten weiterverkaufen.[25] Umsonst sind die Studien nämlich nicht. Somit belegen auch sie die fort-

---

teriellen Bedingungen des Lebens, um Nutzen und Profit. [...] Der Idealtyp des PISA-Test-Teilnehmers ist derjenige, der sich später einmal am besten in Industrie, der Technik und der Wirtschaft auskennen wird. Von allen übrigen Bereichen der Kultur [...] sieht der Test rigoros ab. [...] Es ist daher konsequent, dass das PISA-Werk in der Regel von ‚Kompetenzen' und nicht von Bildung spricht." (S. 222)

[25] Jochen Krautz merkt in *Ware Bildung* an: „Unmittelbaren Nutzen von der internationalen Inflation von Bildungstests haben zunächst einmal diejenigen, die Tests entwickeln und verkaufen, durchführen und auswerten. In der Studie selbst wird ein Konsortium von ‚internationalen Forschungseinrichtungen' genannt, das mit Planung und Koordination der Studie beauftragt worden sei. Elisabeth Flitner hat herausgearbeitet, dass diese ‚Forschungseinrichtungen' gar keine sind, sondern private Unternehmen. Und zwar die größten ‚Global Player' auf dem Feld der Bildungsdienstleistungen, von denen sich eines selbst als ‚multimillion dollar corporation' bezeichnet. Dieses Firmen-Konsortium hat PISA entwickelt und den Test an bisher 58 Staaten verkauft, wobei die freundliche Vermittlung von der OECD geleistet wurde, so dass die Unternehmer nicht selbst in Erscheinung treten mussten. Geschickt hat man dabei PISA von Anfang an als mehrteilige Studie konzipiert, so dass den beteiligten Staaten gleich ein Test-Abo nahe gelegt werden konnte. Da man mit der Implementierung dieser Tests zugleich die Ausrichtung von Bildung auf Testleistungen selbst mit vorantreibt, schafft man sich also einen gigantisch wachsenden Markt." (S. 92)

schreitende Ökonomisierung der Bildung[26] in Deutschland, die gemeinhin als alternativlos gilt.

So wurden seit Anfang des neuen Jahrtausends unter anderem zunehmend Stimmen zur Befürwortung von Studiengebühren laut, die Gründungsanzahl von Privatschulen stieg rapide an, ebenso expandierte der Markt für Nachhilfe. Und nicht zu vergessen: auch im Bildungsbereich gibt es inzwischen immer mehr „Öffentlich-Private Partnerschaften" (ÖPP), bei denen der Staat Kooperationen mit privaten Unternehmen eingeht[27] –

---

[26] Die Ökonomisierung öffentlicher Leistungen wie der Bildung ist aus Sicht privatwirtschaftlicher Unternehmen nur konsequent, impliziert jedoch zwangsläufig das Ende des Wohlfahrtsstaats, folgt man der Argumentation von Colin Crouch in *Postdemokratie*: „Solange der Wohlfahrtsstaat überlebt, sind gewisse Bereiche dem potentiellen Profitstreben der Kapitalisten entzogen. Der postindustrielle Kapitalismus versucht daher, die Abmachungen zu widerrufen, die im Industriezeitalter getroffen wurden, und dadurch alle Schranken der Kommerzialisierung und Kommodifizierung niederzureißen, die ihm im Rahmen des Konzepts der sozialen Bürgerrechte auferlegt wurden." (S. 107)

[27] Öffentlich-Private Partnerschaften werden von Unternehmer-Seite gerne als Win-Win-Situation für den finanziell klammen Staat (bzw. eine Stadt oder Region) und die privaten Investoren dargestellt. Aber: „Wie kann es sein, dass die Stadt spart und das Unternehmen Gewinne macht?" fragt sich Jochen Krautz in *Ware Bildung*, um auch gleich die wenig erfreuliche Antwort zu geben, dass das nicht funktionieren kann: „Denn die privaten Investoren haben selbstverständlich kein anderes Interesse, als aus der Investition Gewinne zu generieren. Offiziell heißt es dazu, dass diese aus höherer Effizienz entstünden: Private Investoren könnten besser wirtschaften, knapper kalkulieren, effektiver arbeiten. Auch hier ahnt man, was das bedeutet: höhere Belastung der Arbeitnehmer, niedrigere Löhne, geringere Qualität, Einsparungen am Material und so weiter. Denn wenn ein privates Unternehmen den Schulhausmeister günstiger zur Verfügung stellt, heißt das nur, dass dieser weniger verdient und länger arbeitet." (S. 161/162) Darüber hinaus gibt es weitere grundsätzliche Bedenken bezüglich der Privatisierung oder Auslagerung staatlicher

mit weitreichenden Folgen. Denn private Anbieter wirtschaften zwar vielleicht effizienter als der Staat, aber garantieren dadurch keineswegs einen wünschenswerten Qualitätsstandard, da es in erster Linie um den Kosten-Nutzen-Faktor für das Unternehmen geht, weniger um das Allgemeinwohl. Deshalb gibt es sehr wohl Grund zur Besorgnis, dass Bildungseinrichtungen, die von privaten Unternehmen im Auftrag des Staates organisiert und finanziert werden, nur ein billiger Abklatsch solcher Einrichtungen sind, die zur Erfüllung des Bürgerrechts auf Bildung dienen sollen.

Die angenommene Alternativlosigkeit, die immer wieder mit dem Hinweis auf leere Staatskassen gerechtfertigt wird, ist jedoch keineswegs schicksalhaft, sondern künstlich herbeigeführt. Das ist der eigentliche Skandal

---

Aufgaben – so schlussfolgert Colin Crouch in *Postdemokratie*: „Wenn immer mehr staatliche Aufgaben an private Firmen übergehen, verliert der Staat allmählich die Fähigkeit, Funktionen zu erfüllen, die er einst sehr gut bewältigte. Mittelfristig hat er keinen Zugang mehr zu denjenigen Kenntnissen, die notwendig sind, um gewisse Vorgänge zu verstehen. Er sieht sich daher genötigt, weitere Tätigkeiten an Privatunternehmen zu übertragen und die Dienste von Beratungsfirmen in Anspruch zu nehmen, die ihm sagen, wie er seine eigenen Aufgaben zu erledigen hat. Die Regierung wird zu einer Art institutionellem Idioten, gewiefte Marktakteure sehen jeden ihrer linkischen Schritte voraus, wodurch sie von Anfang an unwirksam sind. Damit ist man schnell bei der wichtigsten Empfehlung der zeitgenössischen ökonomischen Orthodoxie an die Politik: Der Staat sollte am besten überhaupt nichts tun, außer die Freiheit der Märkte zu garantieren. Indem sich die Regierungen zunehmend selbst solcher Fähigkeiten berauben, verleugnen sie unter dem Einfluss der neoliberalen Ideologie eine Eigenschaft, die früher ein wichtiges Argument für einen aktiven Staat war: die Fähigkeit, als zentraler Akteur Dinge zu erkennen, die die einzelnen Unternehmen nicht sehen konnten." (S. 57/58)

an den derzeitigen wirtschaftlichen und gesellschaftlichen Zuständen. Seit den 1990er Jahren forderten Wirtschaftswissenschaftler sowohl in eigenen Kreisen als auch öffentlich immer wieder, man müsse den Staat durch ein „Diktat der leeren Kassen" und „ein Defizit, das als anstößig gilt" dazu zwingen, Aufgaben des öffentlichen Sektors nach und nach auf private Unternehmen zu übertragen. [28]

In einer globalisierten Welt, in der man immer wieder mit der Abwanderung reicher Bürger in Steueroasen oder Unternehmen an günstigere Produktionsstätten drohen konnte, war es vergleichsweise einfach, mit Hilfe von Lobby-Arbeit die Spitzensteuersätze und Unternehmenssteuern stückweise zu senken. Zwangsläufig

---

[28] Die beiden wörtlichen Zitate stammen von Herbert Giersch (*Europas Wirtschaft. Ordnungspolitische Aufgaben in Ost und West*, Frankfurter Institut für wirtschaftspolitische Forschung, 1991 und *Produktive Schulden*, Wirtschaftswoche, 22.10.1998). In dem Essay „Unbarmherzige Samariter" für den *Spiegel* greift die Journalistin Barbara Supp die beiden Äußerungen auf: „Dringend, schrieb in den neunziger Jahren so ein mehr in Wirtschaftskreisen bekannter Experte, müsse der Staat an Macht verlieren. Dagegen sei Widerstand zu erwarten. Zu lösen sei das Problem, indem man beispielsweise Steuern senke. Man brauche ‚das Diktat der leeren Kassen'. Man brauche ‚ein Defizit, das als anstößig gilt'. So könne man den Staat beschneiden. Ganz unverblümt steht es da: Nicht aus Notwendigkeit solle der Staat machtloser und ärmer werden, sondern aus Prinzip. Der das schrieb, war kein Exot. Es war Herbert Giersch, ein [2010] in hohem Alter verstorbener Wissenschaftler, der jahrzehntelang als ‚Doyen der deutschen Volkswirtschaft' galt. Er war Regierungsberater, Gründungsmitglied der ‚Fünf Wirtschaftsweisen', Direktor des Kieler Instituts für Weltwirtschaft, prägender Lehrbuchschreiber und Ausbilder mehrerer Generationen von Ökonomen, die heute in Banken, Verbänden, Unternehmen zu finden sind. Einer der führenden neoliberalen Wirtschaftswissenschaftler, wie Thatcher ein Hayek-Anhänger, auf den sich ja jede klassische marktliberale, jede klassisch unternehmerfreundliche Politik beruft." (*Der Spiegel* 06/2012, S. 56)

leerten sich die Staatskassen immer weiter – bis es scheinbar gute Gründe dafür gab, auch Teile des Bildungssektors in privatwirtschaftliche Hände zu legen.

Nach der Ökonomisierung der Bildungsinhalte durch PISA, sprich: der Fokussierung auf die Verwertbarkeit von Wissen und Kompetenzen, folgte konsequenterweise die Ökonomisierung der Dienstleistungen, indem nicht-staatliche Unternehmen die Finanzierung von Bildungseinrichtungen übernahmen. Als Drittes ging man schließlich noch dazu über, die Institutionen selbst, einschließlich der pädagogischen Beziehungen, den Gesetzen der Ökonomie anzupassen.[29] Besonders deutlich wird das im Hochschulbereich, wo längst offen über die Umstrukturierung der Universitäten zu Unternehmen gesprochen wird.[30]

---

[29] Diese drei (hier wiedergegebenen) Dimensionen der Ökonomisierung von Bildung zählt Jochen Krautz im dritten Kapitel von *Ware Bildung* auf (vgl. S. 111).

[30] Unter dem Titel *Unternehmen Universität* merkte der Soziologie-Professor Richard Münch 2009 kritisch an: „Die unternehmerische Universität entmachtet die wissenschaftliche und die akademische Gemeinschaft und die Fachgesellschaften als Treuhänder des Erkenntnisfortschritts im inneren Kern der Wissenschaft und der Wissensvermittlung in ihrem Außenverhältnis zur Gesellschaft. Die kollektive Suche nach Erkenntnis als Kollektivgut und der kollektive Prozess der Bildung und des Wissenstransfers in die Gesellschaft in der Hand der wissenschaftlichen und der akademischen Gemeinschaft sowie der einzelnen Fachgesellschaften wird von der privatisierten Nutzung des Erkenntnisfortschritts, der Bildung und des Wissenstransfers durch unternehmerische Universitäten im Wettbewerb um Marktanteile abgelöst. Dieser grundlegende institutionelle Wandel bedroht die innere akademische Freiheit und unterwirft Bildung und Wissenstransfer äußeren Zwecken." (*Aus Politik und Zeitgeschichte* 45/2009, Bundeszentrale für Politische Bildung)

Bildungseinrichtungen als Wirtschaftsunternehmen zu betrachten, gilt jedoch institutionsübergreifend: Die Schule/Hochschule wird in diesem Fall zur Dienstleistungsorganisation, die nach bestimmten Richtlinien Schüler/Studenten produziert, deren Leistungen anschließend auf dem Arbeitsmarkt genutzt werden können. Die Abnehmer, also Arbeitgeber, bestimmen vorher den gewünschten Output, den sie zu Anfang des Produktionsprozesses gegenüber den Produzenten (Schulen/Hochschulen) äußern, wobei selbstverständlich ein möglichst kosteneffizientes Preis-Leistungs-Verhältnis herrschen sollte. Wirtschaftliches Handeln muss jedoch, darin sind sich die Ökonomen einig, ständig kontrolliert werden. Die in der Privatwirtschaft üblichen Mechanismen dazu werden nun unreflektiert auf den Bildungsbetrieb angewandt.[31] Im Einzelnen sind das:

    a)   eine feste Definition von Leistungsstandards
    b)   eine Strategie des Kostendrucks
    c)   Konkurrenz durch Wettbewerb
    d)   bürokratische Kontrollen

Die Definition von Leistungs- beziehungsweise in diesem Fall von so genannten Bildungsstandards erfolgte zunächst durch die Akzeptanz der PISA-Konzeption, daran orientierten sich in den Jahren darauf in Deutschland weitere Gesetze und Beschlüsse, initiiert von der Kultusminister- oder auch Hochschulrektoren-Konferenz. Die Kostendruck-Strategie, die dafür sorgt,

---

[31] Die Erläuterungen zur Etablierung von Unternehmensstrukturen im Bildungsbereich stützen sich auf die Darstellungen in Jochen Krautz' *Ware Bildung* (vgl. S. 137-142).

dass jede Verwendung der zur Verfügung stehenden Gelder gut überlegt sein muss, funktioniert bereits ebenfalls sehr gut durch das erwähnte „Diktat der leeren Kassen". Finanzielle Knappheit wiederum kann vortrefflich genutzt werden, um künstlich einen Markt für Wettbewerb zu schaffen. Denn das fehlende Geld (das eigentlich schon für eine ausreichende Grundfinanzierung der Bildungsinstitutionen nötig wäre) wird nun beispielsweise im Rahmen der „Exzellenzinitiative" zur Verfügung gestellt und die Universitäten müssen in Form von eingereichten Konzepten um diese Finanzierung konkurrieren.

Darüber hinaus bekommen Hochschulen einen Teil der vorhandenen Gelder überhaupt nur dann vom Staat gezahlt, wenn sie bestimmte Auflagen erfüllen (unter anderem Senkung der Abbrecherquote). Die Folge davon ist, dass Einrichtungen mit vorteilhafteren Grundvoraussetzungen, wie einem besonderen Standort oder auch besserer Ausstattung durch höhere Drittmittel-Einnahmen[32] ihrer Wissenschaftler, im Verhältnis im-

---

[32] Die Einwerbung so genannter Drittmitteln zur Finanzierung von Forschungs- und Bildungseinrichtungen hat inzwischen einen bitteren Beigeschmack. „Um wissenschaftliche, kulturelle und andere nichtkommerzielle Akteure zu ermuntern, private Sponsoren zu suchen", schreibt Colin Crouch in *Postdemokratie*, „machen die Regierungen zunehmend ihre eigene Finanzierung solcher Projekte vom Erfolg bei der Anwerbung privater Sponsorengelder bzw. Drittmittel abhängig: Ein kommunales Theater oder ein universitärer Fachbereich bekommt nur dann öffentliche Unterstützung, wenn er zunächst beweist, dass er auch für private Sponsoren attraktiv ist. Auf diesem Weg nimmt die Macht der Reichen weiter zu; sie haben nun die Möglichkeit, über die Verteilung öffentlicher Mittel zu bestimmen, da die öffentlichen Gelder dorthin fließen, wo zuvor ein privater Sponsor investiert. [...] Dabei hatten die staatlichen Eingriffe früher gerade die Funktion, sicherzustellen, dass auch Gelder in jene

mer mehr Geld einnehmen werden als Hochschulen mit weniger guten Voraussetzungen. Dadurch werden die Unterschiede von Jahr zu Jahr größer, was wiederum den Wettbewerb vorantreibt, der durch Ungleichheit erst möglich ist.

Auch vor Schulen macht das Wettbewerbsprinzip nicht Halt, indem dort schon Geld-Verteilungsmodelle wie an den Universitäten Einzug erhalten haben. Hier wächst der Unterschied zwischen den verschiedenen Bildungseinrichtungen ebenfalls rapide, verstärkt durch einen zunehmende Anzahl von Privatschulen. Die büro-kratische Kontrolle schließlich läuft im Hochschulbe-trieb über Akkreditierungsagenturen, von denen entworfene Studiengänge und -verläufe erst anerkannt werden müssen. Wohlgemerkt: auch diese Agenturen sind keine öffentlichen Institutionen, sondern privatwirtschaftlich organisiert. An Schulen kontrolliert man die Einhaltung von Bildungsstandards bürokratisch durch regelmäßige Output-Kontrollen, die in einigen Bundesländern unter dem Namen „Lernstandserhebungen" bekannt sind.[33]

Wer sich fragt, wie es möglich war, diese offensichtlich nicht bildungsfördernden Maßnahmen durchzusetzen,

---

Bereiche flossen, die die Reichen vermutlich ignoriert hätten." (S. 62)

[33] Die angeführte Strategie wird ohne Rücksicht auf Verluste durch-gesetzt. So fasst Jochen Krautz in *Ware Bildung* treffend zusammen: „Es sind dies die Auswirkungen von bedenkenlos übertragenen Prin-zipien der sogenannten ‚neoliberalen Wirtschaftsweise' auf das Bil-dungswesen: Deregulierung, Liberalisierung und Wettbewerb sollen angeblich alles richten. Es lässt sich bereits jetzt absehen, dass sie im Bildungswesen genauso viel zugrunde richten wie im globalen Zu-sammenhang: Die Ideologie des staatlichen Rückzugs aus den Berei-chen des öffentlichen gemeinsamen Lebens zugunsten des Wettbe-werbsprinzips wird soziale Spaltung fördern." (S.142)

braucht sich nur anzuschauen, mit welchen Etiketten und Versprechungen die Strategien durchgesetzt wurden. Oft ist von „Qualitätspaketen" die Rede, ebenso häufig von neuer „Freiheit" und „Autonomie" der Bildungseinrichtungen. Dass mit „Qualität" in erster Linie „Kosteneffizienz" gemeint ist und sich „Freiheit" vor allem auf den Rückzug des Staates aus der Verantwortung bezieht, fällt dabei normalerweise unter den Tisch. Mit den Worten wird regelrechte Augenwischerei betrieben.[34]

Das zeigt nicht zuletzt das „Hochschulfreiheitsgesetz", das vor einigen Jahren das „Hochschulgesetz" in Nordrhein-Westfalen ablöste. Darin ist nicht nur festgelegt, dass Universitäten, die sich im Wettbewerb nicht behaupten, wie Unternehmen insolvent gehen können, sondern dass sie in ihren Forschungen nicht einmal mehr dem Grundgesetz gegenüber verpflichtet sind.[35] Die neu erworbene Freiheit hat den Staat damit endgültig aus der Verantwortung entlassen und sie an diejeni-

---

[34] „So verändert sich plötzlich der Qualitätsbegriff", schreibt Jochen Krautz in *Ware Bildung*. „Es geht nicht mehr um die gute Beschaffenheit, also um die gute Bildung der Schüler und Studenten. Das wäre Qualität im *ursprünglichen* Sinne. Sondern es geht um ein gutes Preis-Leistungs-Verhältnis: möglichst viel zu produzieren für einen günstigen Preis, um damit einen guten Platz im Wettbewerb zu ergattern. Das ist Qualität im *marktwirtschaftlichen* Sinne." (S. 124)

[35] „Im alten Hochschulgesetz", merkt Jochen Krautz in *Ware Bildung* an, „waren die Hochschulen verpflichtet, ‚an der Erhaltung des demokratischen und sozialen Rechtsstaates' mitzuwirken sowie ‚zur Verwirklichung der verfassungsrechtlichen Wertentscheidungen' beizutragen (§ 3 Abs. 1 Satz 2 HG NRW). Das müssen sie nun nicht mehr, sie sind aus der Verantwortung für das Gemeinwesen entlassen. So fehlt auch die ethisch unabdingbare Verpflichtung der Universitäten, sich mit den Ergebnissen ihrer Forschung auseinanderzusetzen (§ 3 Abs. 1 Satz 5 HG). [...] Nun können die Wissenschaftler machen, was sie wollen." (S. 152)

gen weitergegeben, die seit Jahren unternehmerische und privatwirtschaftliche Regeln als erstrebenswerte Basis allen Handelns ansehen.

In Deutschland ist das vor allem die Bertelsmann Stiftung, die den politischen Diskurs seit Jahren grundlegend mitbestimmt (u. a. durch die regelmäßige Forderung von Studiengebühren) und nicht nur den Entwurf zum „Hochschulfreiheitsgesetz" von NRW, sondern zuvor bereits Vorschläge zu den einschneidenden Reformen der Agenda 2010 lieferte.[36] Dabei ist die Tatsache, dass eine deutsche Stiftung Vorschläge zur Politik liefert, nicht grundsätzlich zu verurteilen. Wenn aber eine als gemeinnützig geltende Organisation nicht bereit ist, sich mit erarbeiteten Ergebnissen dem politischen Diskurs zu stellen und stattdessen Lösungsvorschläge als alternativlos vorstellt und direkt auf die jeweils zuständigen Gremien einwirkt, untergräbt das die demokratische Grundordnung.[37]

---

[36] Eine ausführlichere Auseinandersetzung mit dem politischen Einfluss der Bertelsmann Stiftung liefert der Ökonom Wolfgang Lieb in Kapitel 16 des Buches *Meinungsmache*. Weiterführende Literatur zum Thema sind u. a. Wernicke, Jens/Bultmann, Torsten (Hg.): *Netzwerk der Macht – Bertelsmann. Der medial-politische Komplex aus Gütersloh* (Bund demokratischer Wissenschaftler, Marburg 2007) und Schuler, Thomas: *Bertelsmannrepublik Deutschland. Eine Stiftung macht Politik* (Campus 2010).

[37] Wolfgang Lieb führt diesen Hauptkritikpunkt an der Bertelsmann Stiftung in *Meinungsmache* wie folgt aus: „Es ist [...] das gute Recht einer jeden Regierung, denjenigen mit einer Politikberatung zu beauftragen, der ihr politisch sympathisch ist. Doch wer öffentliche Aufgaben erfüllt, Gesetze verändern will, die in Gestaltungsrechte und Lebenschancen von Millionen Bürgern eingreifen, der muss sich der öffentlichen Auseinandersetzung stellen. Die Mitwirkenden müssen ihre gesellschaftspolitischen und wirtschaftlichen Ziele offenlegen, die Öffentlichkeit muss den Prozess nachvollziehen und erkennen können, wer welchen Einfluss ausübt und welche Konsequenzen

Doch die Bertelsmann Stiftung ist längst nicht das einzige Lobbyorgan, das in den vergangenen Jahren die Ökonomisierung des Bildungsbereichs vorangetrieben hat. Eine nicht zu unterschätzende Rolle kommt beispielsweise dem arbeitgebergeführten „Europäischen runden Tisch der Industriellen" (ERT) zu. Dessen Vorstellungen entsprechen ziemlich genau den bereits begonnenen und noch geplanten Reformen auf dem europäischen Bildungsmarkt. Ernüchternd ist jedoch, dass der ERT nur von 1987 bis 1999 eine Arbeitsgruppe zum Thema Bildung unterhielt. Das heißt, bis Ende des letzten Jahrtausends waren aus Sicht der europäischen Industriellen die wichtigsten Entscheidungen und Weichenstellungen zu Reformprozessen bereits beschlossen.[38] Seitdem werden sie kontinuierlich umgesetzt und sind angeblich alternativlos.

---

das Vorgehen hat. Das geradezu Paradoxe am Verhalten der Bertelsmann Stiftung ist, dass sie zwar überall nach Wettbewerb ruft, diesen Wettbewerb aber bei sich selbst konsequent verhindert. Nicht nur, indem sie lediglich ihre von ihr selbst initiierten Projekte fördert und keine Projektanträge von außerhalb zulässt, also wissenschaftlichen Pluralismus satzungsmäßig ausschließt, sondern indem sie darüber hinaus sich vor keinem Parlament und keinem Rechnungshof, ja nicht einmal vor einem Aufsichtsrat, der wenigstens unterschiedliche Interessen von Kapitalanlegern vertreten könnte, für den Einsatz ihrer Gelder und die damit verfolgten Ziele rechtfertigen muss." (S. 266/267)

[38] Im fünften Kapitel von *Ware Bildung* beschreibt Jochen Krautz aufschlussreich, wie sich in den vergangenen Jahren Stück für Stück die bildungspolitischen Zielsetzungen europäischer Lobbyverbänden durchgesetzt haben. Das Fazit ist ernüchternd: „Die Behauptung, dass auch auf den internationalen Ebenen die Konzerne und Lobbygruppen letztlich die Bildungspolitik bestimmen, kann als zutreffend gelten. In der Tat wird hier nicht nur beraten oder einmal ein Politiker zum Sektempfang eingeladen: Hier werden die Leitlinien der Politik von den Großindustriellen selbst verfasst und dann von den Va-

Wir, die Jugend, wachsen also in einem Umfeld auf, in dem unternehmerische Grundsätze die Vernunft als Maxime zum Handeln abgelöst haben, in dem Marktfreiheit über staatlicher Verantwortung steht, in dem Wettbewerb eher als Mittel zum Erfolg angesehen wird als Kooperation und Solidarität. Es mag sein, dass viele von uns glauben, frei zu sein. Aber letztendlich sind wir es nur in einem Rahmen, den wir als alternativlos verinnerlicht haben. Das hat weitreichende Konsequenzen – für uns selbst und für die Zukunft unserer Gesellschaft.

3. Zuckerbrot und Peitsche

Die beiden präsentesten Auffassungen in unserer Jugend – „Alles ist möglich" und „Es gibt keine Alternative" – ergeben zusammen eine bedenkliche Mischung. So lässt die Aussicht auf Selbstentfaltung und individuelle Freiheit schnell den Preis für selbige vergessen, nämlich die Anpassung an äußere Umstände, welche die ökonomische Verwertbarkeit aller Lebensbereiche verlangen.

Dabei ist es die Individualisierung selbst, die die gesellschaftlichen Verhältnisse weiter destabilisiert. Mit der Menge an Möglichkeiten hat nämlich auch die Menge an erwarteten Entscheidungen zugenommen. Entscheidungen setzen jedoch Verantwortungsbewusstsein voraus, das sich erst im Laufe der jugendlichen Identitätsentwicklung festigt. Die Identität aber, die sich bestenfalls durch eine reflektierte Handlungsweise und eindeutige Positionierung des Ichs in der Gesellschaft kennzeichnet, benötigt während ihrer Entwicklung klare

---

sallen in Brüssel, Berlin und anderswo abgenickt. Hier regiert – so platt das klingen mag – das Geld die Welt." (S. 222)

Orientierungspunkte. Denn nur auf diese Weise können sich Jugendliche im Spannungsverhältnis zwischen Individuation und Integration selbst verorten und im wahrsten Sinne des Wortes „Selbstbewusstsein" aufbauen.[39]

Wenn wir jedoch von früh auf gelernt haben, kaum etwas sei heutzutage verlässlich – als Letztes der künftige Arbeitsplatz – und gleichzeitig hänge unser Lebensglück in erster Linie von uns selbst ab, führt dies zwangsläufig zu einer tief sitzenden Verunsicherung. Diese muss sich nicht offen zeigen. Wir geben uns nach wie vor optimistisch, betäuben uns mit dem Glauben an unsere Freiheiten, zögern unseren Eintritt in die Erwachsenenwelt mit den dazugehörigen Verantwortungen jedoch möglichst weit hinaus. Denn die propagierte Individualisierung legt zwar den Fokus auf den einzelnen Menschen, klammert aber gleichzeitig äußere Orientierungspunkte aus beziehungsweise lässt sich in den Hintergrund rücken – was wiederum nicht die Identitätsfindung fördert, die eben die Basis für verantwortungsbewusstes Handeln darstellt.

Unsere eigene Identitätskrise treibt dadurch automatisch die Entsolidarisierung der Gesellschaft voran. Wir sind die Generation, die keiner bestimmten Generation

---

[39] Das Spannungsverhältnis zwischen „Individuation, der Entwicklung einer besonderen, einmaligen und unverwechselbaren Persönlichkeitsstruktur", und Integration ist im Zusammenhang mit den zu bewältigenden Entwicklungsaufgaben charakteristisch für die Identitätsfindung jedes Menschen, wie Klaus Hurrelmann in *Lebensphase Jugend* ausführt: „Jugendliche setzen sich in dieser ‚formativen' Phase der Persönlichkeitsfindung in kritischer und selbstkritischer Reflexion sowohl mit den gesellschaftlichen Deutungsangeboten und Handlungsanforderungen als auch mit der eigenen Kompetenz zu deren produktiven Aneignung und Bewältigung auseinander. Sie reagieren durch Anpassung und Duldung, aber auch durch Verweigerung und Protest auf die Anforderungen der Umwelt." (S. 30/31)

zugehören will. Wir haben Margaret Thatchers Behauptung verinnerlicht, es gebe keine Gesellschaft – nur Familien und Individuen.[40] Antworten auf unsere vielen Fragen suchen wir ständig in uns selbst (ohne ein langfristig befriedigendes Ergebnis), obgleich gefestigte Persönlichkeiten erst durch Spannungsverhältnisse zu Vorbildern oder klaren Gegenpolen entstehen können.[41]

---

[40] Der viel zitierte Satz „So etwas wie Gesellschaft gibt es nicht" der britischen Premierministerin Margaret Thatcher stammt ursprünglich aus einem Interview, das sie dem Magazin *Woman's Own* gab. Dort heißt es in der Ausgabe vom 31. Oktober 1987 wörtlich: „They're casting their problem on society. And, you know, there is no such thing as society. There are individual men and women, and there are families. And no government can do anything except through people, and people must look to themselves first. It's our duty to look after ourselves and then, also to look after our neighbour. People have got the entitlements too much in mind, without the obligations, because there is no such thing as an entitlement unless someone has first met an obligation."

[41] Klaus Hurrelmann vertritt in *Lebensphase Jugend* die These, für „die gelingende Sozialisation im Jugendalter" sei „ein gut abgestimmtes Zusammenspiel von Familie, Schule und Gleichaltrigengruppe wichtig. Nur so [ließen] sich Kompetenzen erlernen und trainieren, die für das Leben in einer offenen, unsicheren und global vernetzten Welt hilfreich [seien]" (S. 134). Demnach ist die Fokussierung Jugendlicher auf die eigene Generation eher kontraproduktiv in Hinblick auf ihre Persönlichkeitsfestigung. Die damit zusammenhängenden gesellschaftlichen Entwicklungen bewertet Hurrelmann kritisch: „Gleichaltrigengruppen dehnen sich in dem Maße aus, wie Familien und Schulen an Einfluss auf den Sozialisationsprozess verlieren. Mit dem Rückzug dieser traditionellen, hierarchisch strukturierten Instanzen fallen Erfahrungsfelder aus. In traditionellen Gesellschaften erlernen Jugendliche Respekt, Achtung und Anpassung durch Beobachtung von und Teilnahme an etablierten Hierarchien in der Gemeinschaft. In heutigen Gesellschaften haben viele Jugendliche keine Gelegenheit, positive Modelle von Eltern oder Lehrern in hierarchischen Beziehungen zu erfahren." (S. 133/134).

Doch darauf verzichtet das Bildungssystem inzwischen immer mehr. Denn Lehrer sollen heute – laut Ausbildungsrichtlinien im Referendariat – hauptsächlich eine moderierende Rolle im Unterricht einnehmen[42], statt pädagogisch zu führen. Junge Menschen brauchen jedoch feste, verlässliche Beziehungen im Lernprozess, damit Selbstentfaltung nicht zur Beliebigkeit wird. Sie müssen, wie oben bereits erwähnt, die Möglichkeit haben, sich in ein Netz aus sozialen Ressourcen fallen lassen zu können. Sie müssen das Recht haben, scheitern zu dürfen.

Es gibt einzelne Schulen in Deutschland, die das als Grundlage ihres Bildungskonzeptes ansehen. Leider ist das eine deutliche Minderheit. Doch sie zeigen, dass die derzeitigen Entwicklungen nicht alternativlos sind.[43]

---

[42] In der „Ausbildungsordnung Geographie-Referendariat" des *Staatlichen Seminars für Didaktik und Lehrerbildung (Gymnasium), Karlsruhe* lässt sich beispielsweise nachlesen: „Die absichtsvolle erzieherische Einflussnahme zur Unterstützung der Persönlichkeitsentwicklung und der Wertorientierung gehört zum Aufgabenspektrum der Lehrkräfte, die als Vorbilder das soziale Geschehen in der Schule und bei außerunterrichtlichen Veranstaltungen moderierend begleiten (lernen)." (Stand: Februar 2013)

[43] Einen eindrucksvollen Überblick über erfolgreich arbeitende Schulen, die von der Norm des deutschen Bildungssystems abweichen, erhält man in dem Film *Treibhäuser der Zukunft. Wie in Deutschland Schulen gelingen* (Beltz 2005) des Journalisten Reinhard Kahl. Eines der Vorzeigebeispiele im Film ist die Helene-Lange-Schule in Wiesbaden, deren Direktorin 19 Jahre lang Enja Riegel war, die im Anschluss an ihre Lehrtätigkeit das Buch *Schule kann gelingen! Wie unsere Kinder wirklich fürs Leben lernen* (Fischer Taschenbuch Verlag 2011) schrieb. Ein weiteres Buch, das durch persönliche Lehr-Erfahrungen motiviert ist, hat die bayerische Grundschullehrerin Sabine Czerny unter dem Titel *Was wir unseren Kindern in der Schule antun ... und wie wir das ändern können* (Heyne 2012) vorgelegt. Czerny wurde 2008 deutschlandweit dadurch bekannt, dass sie von Schulbehörden aufgrund eines zu guten Notendurchschnitts in ihrer

Nur will das die Politik nicht wahrhaben und nimmt dafür in Kauf, dass immer mehr Jugendliche in einer Welt, in der angeblich alles möglich ist, der völligen Überforderung zum Opfer fallen.

Und von uns, also denen, die in der privilegierten Position sind, ein gewisses Maß an persönlichen Freiheiten nutzen zu können, haben die Jugendlichen aus den so genannten bildungsfernen Schichten keine allzu große Hilfe zu erwarten. Denn wir sind viel zu sehr mit uns selbst beschäftigt. Außerdem glauben wir daran, unseren eigenen Status nur durch kontinuierliche Leistung erhalten zu können. Wir fühlen uns frei, solange wir die Rahmenbedingungen von Leistungsethik, Wettbewerb und ökonomischer Verwertbarkeit ausklammern. Vielleicht haben wir ab und zu Zeit für „effizienten Idealismus". Aber das ist schon das Höchste der Gefühle.

Somit wird die hochgehaltene Freiheit im Gewand der Individualisierung und unbegrenzten Möglichkeiten zum Zuckerbrot für die Massen, um die repressiven Elemente der Alternativlosigkeiten, die Peitsche des 21. Jahrhunderts, erträglicher zu machen. Das Bildungssystem unterstützt diese neue Art von Verdummung – „dumm" nicht als Gegenteil von „intelligent", sondern als Synonym für „horizontsbeschränkt". Wer die Alternativlosigkeit eines Systems akzeptiert und gleichzeitig meint, er sei frei, hat sich bereits seinen eigenen gedanklichen Käfig errichtet.

Klasse gemaßregelt wurde. Wer sich darüber hinaus über gute Schulmodelle informieren möchte, wird auf der Internetseite des *Deutschen Schulpreises* fündig. Der Preis wird seit 2006 von der Robert Bosch Stiftung und der Heidehof Stiftung vergeben.

Wenn aber Bildung die Grundvoraussetzung für ein funktionierendes demokratisches System ist, das sich durch politische Vielfalt auszeichnet und dem Allgemeinwohl oberste Priorität beimisst, und wenn im Gegensatz dazu die Politik der vergangenen Jahre Reformen ins Rollen gebracht hat, die angeblich nur in eine Richtung führen dürfen und die das Wohl der Privatwirtschaft in den Mittelpunkt rücken, dann steht im Moment nicht weniger auf dem Spiel als der Fortbestand unserer Demokratie.

Eine Jugend, die scheinbar in einer ständigen Identitätskrise steckt, kommt nur schwer aus dieser Beschränktheit wieder heraus und nickt den gesellschaftlichen Prozess eher ab, als dass sie ihn reflektierte und dagegen vorginge. Dass profitorientierte Unternehmen ein starkes Interesse daran haben, liegt auf der Hand. Sie dürften nach praktischen Maßstäben gar kein Interesse an einer starken Zivilgesellschaft haben, die nach wirtschaftlichen Maßstäben nicht effizient genug funktioniert.

Deshalb ist das offensichtliche Ziel dieser Vorgehensweise, die Menschen dumm – beziehungsweise in Hinblick auf den eingeschlagenen politischen Kurs beschränkt – zu halten, denn:

Dumm nickt gut.

Literaturverzeichnis

Benasayag, Miguel/Schmit, Gérard: *Die verweigerte Zukunft. Nicht die Kinder sind krank, sondern die Gesellschaft, die sie in Therapie schickt,* Verlag Antje Kunstmann 2007

Bosbach, Gerd/Korff, Jens Jürgen: *Lügen mit Zahlen. Wie wir mit Statistiken manipuliert werden,* Heyne 2011

Crouch, Colin: *Postdemokratie,* Suhrkamp 2008

Haaf, Meredith: *Heult doch. Über eine Generation und ihre Luxusprobleme,* Piper 2011

Hartung, Manuel J./Schmitt, Cosima: *Die netten Jahre sind vorbei. Schöner Leben in der Dauerkrise,* Campus 2010

Hurrelmann, Klaus: *Lebensphase Jugend. Eine Einführung in die sozialwissenschaftliche Jugendforschung,* Juventa Verlag Weinheim und München 1994 (aktualisierte Auflage 2007)

Krautz, Jochen: *Ware Bildung. Schule und Universität unter dem Diktat der Ökonomie,* Diederichs-Verlag 2009

Müller, Albrecht/Lieb, Wolfgang: *Meinungsmache. Wie Wirtschaft, Politik und Medien uns das Denken abgewöhnen wollen,* Knaur Taschenbuch 2010

Pauer, Nina: *Wir haben keine Angst. Gruppentherapie einer Generation,* S. Fischer 2011

Römer, Felicitas: *Arme Superkinder. Wie unsere Kinder der Wirtschaft geopfert werden,* Beltz 2011

Rosa, Hartmut: *Beschleunigung. Die Veränderung der Zeitstrukturen in der Moderne,* Suhrkamp 2005

Senft, Elena: *Und plötzlich ist später jetzt. Vom Erwachsenwerden und nicht wollen,* Knaur Taschenbuch 2009

Schulz, Sandra/von Rohr, Mathieu: *Wir Krisenkinder. Was die Deutschen zwischen 20 und 35 verbindet* (in: *Der Spiegel* Special 01/2009)

Schulze, Ingo: *Unsere schönen neuen Kleider. Gegen die marktkonforme Demokratie – für demokratiekonforme Märkte,* Hanser Berlin 2012

16. Shell-Jugendstudie, *Jugend 2010. Eine pragmatische Generation behauptet sich,* S. Fischer 2010

Wernicke, Jens: *Hochschule im historischen Prozess. Zum Verhältnis von Universitätsentwicklung, Klassengesellschaft und Macht,* AStA der Freien Universität Berlin, Hochschulpolitische Reihe Band 13, 1. Auflage 2009

Frühlingspläne zur Winterzeit

Gedichte.

Frühlingspläne

Bevor wir, ohne es zu ahnen,
die Lichter dieser Welt erblickten
und taktvoll nach dem Zeitgeist tickten,
begann man uns bereits zu planen.

Wir waren Wunsch, wir waren Wille,
wir waren Sinn und Luxusgut,
denn *unsre* Existenz beruht
auf der Entscheidung „Kind statt Pille".

Von uns erwartete man viel.
So tauchten wir im Lebenslauf
nicht bloß in Randnotizen auf,
wir waren ein erklärtes Ziel.

Und was für eins! Wir boten Fläche
für Projektionen, Träumereien,
wir sollten nach Rezept gedeihen –
das war wohl unsre größte Schwäche.

Denn noch bevor wir ansatzweise
den ersten Atemzug getan,
entstand schon *ohne uns* ein Plan
für unsre weit're Lebensreise.

In Zukunft sollte alles passen –
wir wurden deshalb keinesfalls
der Chaostheorie des Alls
und blankem Zufall überlassen.

Wir mussten, kurz gesagt, gelingen.
Zwar zählten wir zur Mittelschicht,
doch sollten wir ganz sicher nicht
nur Mittelmäßiges erbringen.

Aus Sicht von anno dazumal
verlangte man auch nicht zu viel.
Die Zeiten wirkten recht stabil,
zum Kinderkriegen optimal.

Man hörte tolle Argumente,
um wieder Kinder großzuziehen:
Uns sollte eine Landschaft blühen
voll Wohlstand, inklusive Rente.

Wir sollten ohne Geldbeschwerden
und allzu festes Rollenbild –
zwar freiheitlich, doch nicht zu wild –
zu unserm Glück erzogen werden.

So malten jene, die uns zeugten,
sich aus, wie wir mal werden sollten,
und nahmen an, dass wir das wollten
und uns den Plänen gerne beugten.

Und schließlich kamen wir zur Welt.
Verwandte hatten längst die Uhr
und Weichen bis zum Abitur
nach bestem Wissensstand gestellt.

Wir konnten dadurch nur verlieren:
Wir sind mit einem Plan gestartet,
doch kam es anders als erwartet.
So lässt sich heute resümieren:

Man hat uns in die Welt gesetzt
und manchen Ratschlag mitgegeben,
bloß hat man – zeigt jetzt unser Leben –
die Zeit stabiler eingeschätzt.

Für alle, die uns planten, gilt:
Ihr müsst uns keineswegs belehren.
Wer weiß schon, wo wir heute wären,
entsprächen wir ganz *eurem* Bild?

Hört auf, die Angst zu übertragen –
die Angst bezüglich „Sicherheit".
Das haben wir inzwischen leid.
Wohin's uns führt, kann niemand sagen.

Und *weil* das niemand sicher weiß,
gibt's keinen Grund uns aufzuhalten,
das Leben selber zu gestalten –
im Notfall halt auf dünnem Eis.

Auch *wir* verspüren diesen Drang,
der jede Jugend aufrecht hält.
Wir wollen leben, denn die Welt
gehört uns einen Frühling lang!

Das Ende der Kindheit

Die Kindheit endet jedes Mal
real und manches Mal brutal.
Das lässt sich auch bei starken Kindern
bei aller Mühe kaum verhindern.

So ging's auch Tom (grad zwölf geworden),
mit Papa fährt er Richtung Norden,
das Auto brettert durch die Nacht,
doch gibt der Vater kurz nicht acht:

Die Fahrbahn wird von Wild gekreuzt,
als Papa seine Nase schnäuzt
und – Bumm! – das Wagenlicht erlischt,
das Auto hat ein Tier erwischt.

Der Vater steigt aus seinem Wagen
und hört den Jungen panisch fragen:
„Was war das? Können wir es retten?"
Der Vater meint: „Will nicht drauf wetten ..."

Der kleine Tom springt hinterdrein,
dann sieht er im Laternenschein
das braune Tier, nur mittelgroß –
das Reh liegt völlig regungslos.

So stirbt noch mehr an diesem Platz.
Symbolisch wirkt der Abschlusssatz
nach unbeschwerten Kindheitsjahren:
„Wir haben Bambi überfahren."

Symbiose

Erfolgsrezepte sind oft schlicht:
Zum Beispiel hat sich Unterricht,
der seit Jahrzehnten funktioniert,
meist biologisch reguliert
in Form der starken Symbiose
aus Ignoranz und toter Hose.

Botanik im Schulalltag

Ein Lehrer hat mir neulich sachlich
(thematisch eher außerfachlich)
erklärt, wie er zu Schülern stünde
und das Verhältnis so empfinde:

Wenn Kinder in die Schule gingen
so wolle er sie niemals zwingen –
ganz gleich, bezüglich welcher Themen –
an Lernprozessen teilzunehmen.
Sie sollten sich nicht sinnlos quälen.
Er würde ihnen halt erzählen,
was ihm sein Lehrplan unterbreite –
und falls das mal auf Schülerseite
auf reges Interesse stieße,
dann wär's erfreulich, doch es hieße
im Umkehrschluss noch lange nicht,
es läge gar am Unterricht,
wenn Schüler sich nicht int'ressierten
und dementsprechend nichts kapierten.
Er wolle sich in Klassenzimmern
auch nur bedingt um Kinder kümmern –
denn zeitlich könnt er bei den meisten
die Arbeit überhaupt nicht leisten.
Ansonsten tät er seine Pflichten:
Bewerten, prüfen, unterrichten;
der Draht zu Schülern sei neutral,
oft seien sie ihm schlicht egal.
So ließe sich zusammenfassen:
Er würd sie meist in Ruhe lassen
Wer wolle, dürfe gern gedeih'n,
wer nicht, der gehe eben ein.

Ich fand das recht verwunderlich,
denn *das* Verhältnis kannte ich
bisher doch nur im Großen, Ganzen
von mir und meinen Zimmerpflanzen.

Wenn jemand Kinder mag

Wenn jemand Kinder wirklich mag
und ihre freien Geister schätzt
und sich bewusst an jedem Tag
mit ihnen auseinandersetzt,

wenn jemand Kindern zeigen will,
dass Freundschaft Egoismus schlägt,
dass Leistungsdruck und jeder Drill
nach vorne *schubst*, doch niemals *trägt*,

wenn jemand Kinder unterstützt
und will er keinesfalls gefährden,
was kindlicher Entfaltung nützt –
dann sollte er nicht Lehrer werden.

Die Elster
Frei nach einem amerikanischen Tiergedicht von E. A. Poe

Mitternacht umgab mich düster,
machte mich im Kopf noch wüster
als ich mich seit Tagen fühlte –
aufgewühlt und dennoch leer.
Deshalb wollt ich Ruhe haben;
plötzlich hörte ich ein Schaben
wie vom Schnabel eines Raben
von der Eingangstüre her.
„Sicher niemand, den ich kenne",
dachte ich, „nur irgendwer.
Ich erwarte keinen mehr."

Ach, ich fühlte mich so kläglich,
denn ich grübelte unsäglich:
Was ist lebenslang erträglich
und was macht das Dasein schwer?
All mein Denken, mein Empfinden
wollt ich en detail ergründen,
um den Lebenssinn zu finden.
Doch so lange und so sehr
ich mein Großhirn auch bemühte,
schien mein Kopf mir schrecklich leer
und ich dacht, jetzt käm nichts mehr.

Was war *das*? Es klopfte wieder!
Langsam streckte ich die Glieder,
um zur Wohnungstür zu gehen.
Ich erhob mich matt und schwer
und bewegte mich zur Türe,
hoffend, dass ich dort erführe,
wer mich bei der Nacht-Lektüre

meines Großhirns bitte sehr
so entschieden stören wollte.
Aber draußen war es leer,
vor der Tür stand niemand mehr.

Ich begann mich umzuschauen,
wollte meinen Ohren trauen,
die das Klopfen vorhin hörten.
Drang es nicht von draußen her?
Hatte ich es falsch vernommen
und nur Winde mitbekommen,
fragte ich mich ganz beklommen –
draußen blieb es still und leer.
Ich verriegelte die Türe,
wünschte, dass das alles wär,
und es käme niemand mehr.

Drinnen wollte ich mich setzen –
da vernahm ich mit Entsetzen,
dass das Klopfen wiederkehrte.
Dort vom Fenster kam es her!
Etwas schabte leis und pickte,
pochte, klopfte, kratzte, tickte,
was sich nachts gewiss nicht schickte.
Darum fragte ich mich, wer
diesen Lärm erzeugen mochte
und was war wohl sein Begehr?
Weiter wusste ich nicht mehr.

Als ich, ohne dies zu wissen,
dann das Fenster aufgerissen,
war ich selber höchst verwundert,
denn von draußen flog nun quer
eine Elster durch das Zimmer,

schwarz und weiß, mit blauem Schimmer.
So was trifft man ja nicht immer –
wo kam dieses Wesen her?
Höflich fragte ich den Vogel:
„Sag, wie heißt Du, bitte sehr?"
Drauf die Elster: „Immer mehr!"

„*Dich*", entfuhr's mir voll Entzücken,
„wird gewiss der Himmel schicken,
um mich endlich zu erleichtern,
dass ich nicht mehr wie bisher
jede Nacht ins Leere stiere
und bis morgens früh sinniere,
wie ich bloß mein Leben führe,
leitet sich das Ziel nicht her.
Elster, ein Frage hätt ich:
Brauch ich Ruhm und große Ehr'?"
Sprach der Vogel: „Immer mehr!"

Das, was diese Elster krächzte,
war, wonach ich täglich lechzte:
eine Antwort für das Leben!
Es beschäftigte mich sehr,
somit wollte ich es wagen,
meine ganzen Daseinsfragen
an das Tier heranzutragen,
schienen sie auch noch so schwer.
„Sag, wie *viel* sollt ich mir nehmen
von dem Gut, das ich begehr?"
Drauf die Elster: „Immer mehr!"

Wieder klang der Satz entschieden,
daher war ich höchst zufrieden
mit dem Auftritt jenes Vogels,

der mich musterte und der
sitzen blieb und sich nicht trollte,
als ich von ihm wissen wollte,
wo man Urlaub machen sollte.
„Sag, empfiehlst Du Küsten-Flair
oder aber hohe Berge,
wo ich nur sehr ungern wär?“
Sprach die Elster: „Immer Meer!“

Weiter stellte ich die Fragen,
die mir so am Herzen lagen:
„Sag, was braucht zu seinem Glücke
bitte sehr ein Milliardär?
Will ich gut und sinnvoll leben
und mich nicht so schnell ergeben –
sag, was sollte ich erstreben?
Und wie viel Verzehr ist fair?
Oder auch aus Fitnessgründen:
Was empfiehlst Du beim Dessert?“
Sprach die Elster: „Immer mehr!“

Heut bekenn ich völlig offen:
Seit ich dieses Tier getroffen,
geht's mir mit dem Leben besser,
denn ich nehm es kaum noch schwer.
Früher hin und her gerissen,
muss ich Luxus heut nicht missen,
denn ein nerviges Gewissen
plagt mich auch nicht mehr seither.
Will ich hören, was ich brauche,
fühle ich mich manchmal leer,
spricht die Elster: „Immer mehr!“

Der Albtraum

Ich träume manchmal nachts konkret,
wie unsre Zivilisation
im Feuerhagel untergeht.
Die Szene läuft dann auch mit Ton.

Ich frag mich immer, was das soll,
wenn plötzlich alles explodiert.
Der Unfug ist, weiß Gott, nicht toll
und ich bin jedes Mal schockiert.

Doch nicht, weil ich die Schreie höre
und an der ganzen Menschheit hänge.
Woran ich mich am meisten störe,
sind *meine* Rufe in der Menge.

Denn während Leute um sich schlagen
und hier und da ein Feuer raucht,
hör *ich* mich laut und deutlich sagen:
„Wo ist das iPhone, wenn man's braucht?"

Nachmittagsfernsehen

Mittwochnachmittag um dreie
gellen unverschämte Schreie
aus der Wohnung über mir.
O-Ton: „Halt die Fresse, Schlampe,
scher Dich nicht um meine Wampe,
hol ma' lieber neues Bier!"

An den Lärm, der runter dröhnt,
hab ich mich schon längst gewöhnt
und ich hab ein dickes Fell.
Wenn ich jenen Klängen lausch,
weiß ich: Jetzt läuft Frauentausch
viel zu laut auf RTL.

Folglich frag ich mich: Was nun?
Und: Was soll ich bitte tun,
um die Laune hochzuhalten?
Meist ergibt sich, wo ich wohn,
meinerseits die Reaktion,
selbst den Fernseh'r einzuschalten.

Dann wird nachmittags geglotzt,
wie ein Schnurrbartträger motzt
(meist mit Kevin und Chantal).
Fleisch sei voll mit Vitamin,
meint die lispelnde Nadine,
und Salat sei nicht ihr Fall.

Ein Empfänger von Hartz IV
zeigt, dass *ein* Blatt Klopapier
pro Toilettengang genügt.
Fällt auch das Niveau ins Tal,
steigt der Spaß proportional
und die Fernsehzeit verfliegt.

Doch ein Spaß erfreut noch mehr,
schickt man diesen hin und her –
meist als Youtube-Link im Netz.
Denn die allergrößten Lacher
werden erst geteilt zum Kracher –
das ist menschliches Gesetz!

Und so schauen wir in Massen
etwas, das wir schwerlich fassen
und was furchtbar blöd erscheint.
Aber alle lachen herzhaft
und wir fragen manchmal scherzhaft:
„Ist das wirklich ernst gemeint?"

Viele meinen zu verstehen,
wenn wir diese Grütze sehen,
welcher Sinn dahinter steckt.
Nämlich: Lasst uns Scheiße fressen,
um nicht ständig zu vergessen,
dass Gemüse besser schmeckt!

Wenn wir aber ehrlich wären,
würden wir uns selbst erklären,
dass wir uns den Spaß kaum gönnten,
machte Scheiße nicht bewusst,
dass wir uns – trotz allem Frust –
das Gemüse *leisten* könnten.

Anmerkung:
Um dich gut zu fühl'n im Leben
und dich grinsend zu erheben,
muss es *unter* dir was geben,
denn dann kannst du drüber schweben.

Warum in die Ferne schweifen?

Frei nach einem Vierzeiler von J. W. Goethe

Warum in die Ferne schweifen,
liegt die weite Welt so nah?
Lerne nur zur Maus zu greifen,
denn das Internet ist da!

Warum noch nach draußen gehen,
ist es drinnen so bequem?
Sich die Straßen anzusehen,
ist – dank Google – kein Problem.

Warum selber etwas kochen,
gibt es „lieferheld.de"?
Das ist selbst für viele Wochen
tragbar für dein Portemonnaie.

Warum noch mit Menschen reden,
sind die Chatrooms doch so groß?
Außerdem: du wirst dort jeden,
der dich nervt, viel schneller los.

Warum eigentlich studieren?
Und wenn doch, dann nur zu Haus.
Du kannst gern den Job verlieren –
sorg mit Online-Poker aus!

Warum den Charakter stärken?
Achte auf Design und Stil!
Letztlich bleibt von allen Werken
nur auf Facebook dein Profil.

Warum sich die Mühe machen,
sich der Welt *in echt* zu zeigen?
Über analoge Sachen
wird man später nämlich schweigen.

Denn was bleibt, ist digital
und im Licht des schönen Scheins
bleibt am Ende nur die Wahl
zwischen Null und einer Eins.

Klischees und Wirklichkeit

Sie hatte ihren Schuhschrank voll
mit achtundfünfzig teuren Paaren,
fand „Pink" als Farbe ziemlich toll
und ließ sich gern nach Hause fahren.

Die Hobbies hießen: Shoppen gehen,
mit Freunden chatten oder chillen,
am Abend GZSZ sehen,
mit Alkopops den Magen füllen.

Ihr Laberdrang war permanent,
sie galt als wandelndes Klischee,
beheulte jedes Happy End
im Kino und auf DVD.

Und wenn sie eine Sitcom sah,
dann war sie häufig sehr verblüfft
und rief: „Ihr glaubt nicht, wie man *da*
mein Leben und mich selber trifft!"

Ihr Freund war irgend so ein Pfosten,
der seinen Körper künstlich sonnte
und nachmittags – auf Papas Kosten –
im Golfclub schlagen lernen konnte.

Er gab sich häufig eher kühl,
denn Emotionen nervten ihn,
und weil ihm Autofahr'n gefiel,
verbrauchte er auch viel Benzin.

Daneben war er Fußball-Fan
und traf sich mit „den Jungs" zum Gucken,
um dann sein Ego aufzubläh'n
und kistenweise Bier zu schlucken.

Und wenn er Autowerbung sah,
so war er häufig sehr verblüfft
und meinte: „Schaut mal, wie man *da*
den Stil von meinem Leben trifft."

Doch nichts war *so*, wie's ihm erschien,
und – wie bei seiner Freundin – gilt:
Die Bilder spiegelten nicht *ihn*,
denn *er* war *selbst* das Spiegelbild.

Die Grenzen der Aufklärung

Nervös – und wie auf etwas wartend – saßen
die Eltern ihrem Sohn jetzt gegenüber.
Die zwei Erwachs'nen wirkten gleichermaßen,
als täten sie grad alles and're lieber.

Doch beiden Elternteilen war bewusst:
Sie mussten es dem Jungen endlich sagen.
Ansonsten käm er eines Tages just
auf die Idee, noch selbst danach zu fragen.

Der Vater setzte nun zum Sprechen an:
„Du wirst bald zehn und deshalb dachten wir,
na ja, du bist zwar noch nicht ganz ein Mann,
doch wenn wir, also künftig ... und du dir ...

Du weißt ja, ich und deine Mutter sind
nicht von Natur aus alt – das ist normal!
Mir war vor vielen Jahren – so als Kind –
der Schritt zu der Entscheidung fast egal ..."

Die Mutter klinkte sich jetzt zögernd ein:
„Es geht nicht drum, sich heute festzulegen,
und wie du wählst, bestimmst nur du allein ...
Dich wird in Zukunft vielerlei erregen ..."

Der Vater unterbrach: „Wir wollen bloß,
dass du dich nicht verkrampfst und dich entspannst.
Denn deine Mitverantwortung ist groß,
du weißt, dass du uns alles fragen kannst."

Vom Sohn kam nur, er würd das schon verstehen
und auf das Angebot in Zukunft bauen,
doch würd er jetzt zurück aufs Zimmer gehen
und endlich seinen Porno weiterschauen.

Der Vater seufzte: „Schwieriges Kaliber.
Der Junge wird es uns noch oft erschweren,
ihn engagiert und motivierend über
politisches Bewusstsein aufzuklären."

Anmerkung:
Wer kaum an Staat und Bürger denkt,
wird meist sehr billig abgelenkt.

Nach dem Abendessen

Ein Rentner sagte nach dem Abendessen
zu seiner Frau: „Ich muss zum Kiosk laufen.
Ich habe heute nämlich glatt vergessen,
dort neue Zigaretten einzukaufen."

Sie nickte kurz und machte dann den Spül,
nicht ohne ihn dezent drauf hinzuweisen:
„Nimm deine Jacke mit, es ist schon kühl.
Beeile dich. Um acht läuft Silbereisen."

Sein letztes Wort war bloß ein knappes „Tschüss."
Sie sagte nichts, den Abwasch nur im Blick.
Sie sah im Anschluss fern und dachte bis
um zweiundzwanzig Uhr, er käm zurück.

So fragte sie sich leider viel zu spät,
wozu er denn die Zigaretten brauchte,
obwohl er seit der späten Pubertät
(sprich: über fünf Jahrzehnten) nicht mehr rauchte.

Der Wissensdurstige

Sein Wissensdurst war nie zu stillen,
das trieb ihn an, verfolgte ihn
in Form von *einer* Disziplin:
Das Wissen um des Wissens Willen.

Er fand sein Glück im bloßen Denken
und, ohne dieses mitzuteilen,
begann er sich dran aufzugeilen
und sich mit Wissen zu beschenken.

So meinten manche, die ihn trafen:
„Wenn's ginge, hätte dieser Mann
vermutlich großen Spaß daran,
mit seinem eig'nen Hirn zu schlafen."

Er gab sein Wissen niemals preis
und diskutierte es auch nie.
Er sagte oft: „Ich bitte Sie!
Mir reicht es doch, wenn *ich* es weiß."

Das, was er tat, war sinnentleert
und so verdient es bei Betrachtung
nicht einen Hauch von einer Achtung,
denn Wissen ist allein nichts wert.

Zum Begriff des Gutmenschen

Wer meint, die Sinnverfälschung sei im Rahmen,
gebraucht man „Gutmensch" immer negativ,
für *den* klingt's höchstwahrscheinlich auch nicht schief,
benutzt er „Arschloch" mal als Kosenamen.

Die Bürgschaft
Sehr frei nach einer Ballade von F. Schiller

In unseren Landen und Zeiten schleicht
niemand zu fiesen Tyrannen,
wie einst Schillers Verse begannen.
Bei dieser Entwicklung denkt man vielleicht,
die Demokratie hätte sehr viel erreicht,
die Fieslinge wären verschlissen
und alles wär nicht so beschissen.

Doch ist im Land eine Bank einmal blank,
so bürgt der Staat für die Fehler –
zum Ärger der mündigen Wähler.
Die Bürger erfahren dann keinerlei Dank,
stattdessen äußert sich krank die Bank:
„Ich bleibe – das ist keine Bitte –
in eurem Bunde die Mitte!"

Das Schäfchen und der Löwe

Ein Schäfchen sagte zu der Herde:
„Bleibt *ihr* nur schön bei Gras und Buchen.
Ich geh zur Höhle, denn ich werde
den alten Löwen dort besuchen."

Die andern Schafe schreckten auf
und warnten das naive Tier:
„Beim Löwen gehst du sicher drauf!
Mach keinen Mist! Bleib lieber hier!"

Das Schäfchen winkte lächelnd ab
(soweit das mit den Hufen ging)
und meinte: „In die Falle tapp
ich keineswegs, denn sehr gering

ist die Gefahr, die heutzutage
vom Löwen auszugehen scheint,
sodass ich zu behaupten wage:
Er ist nicht länger unser Feind.

Erst letzte Woche schrieb er mir
in einem Brief, er freue sich,
stünd *ich* demnächst vor seiner Tür.
Bis später! Ich verziehe mich!"

Der Wortlaut dieses Briefs verriet:
Genaues Lesen kann nicht schaden;
denn darin wurde explizit
das Tier zum Essen eingeladen.

Das Schäfchen ist nun längst verdaut,
so bleibt alleine die Erkenntnis:
Wirkt manches Raubtier dir vertraut,
so ist das bloß ein Missverständnis.

Am Traualtar

Ihr Bürger um den Traualtar,
hier steht das bald vermählte Paar,
geprägt von Krisen und Problemen.
Der Bräutigam heißt Vater Staat,
die Frau, um deren Hand er bat,
ist ein privates Unternehmen.

Der Gatte könnt sich – wie die meisten –
nur eine kleine Wohnung leisten,
drum kommt es auf die Gattin an.
Sie wird sich rührend um ihn kümmern
und ihn in selbst erbauten Trümmern
versorgen, wenn er zahlen kann.

Bei *ihr* wohnt er angeblich billig
Für Geld ist sie natürlich willig,
ihn lebenslänglich aufzunehmen.
Die Ehe dient nur einem Ziel:
der Effizienz im großen Stil,
gelenkt von einem Unternehmen.

Der Staat ist längst ein Pflegefall,
drum wird die Gattin überall,
wo sie nur kann, sich deutlich zeigen.
Seitdem sie erstes Blut geleckt,
macht *sie* sich heut bereits verdeckt
das Leben dieses Staats zueigen.

Man sieht es klar in ihren Augen:
Sie plant bereits ihn auszusaugen;
doch glaubt er sich in guten Händen.
So leicht entkommt er ihr jetzt nicht,
sind alle Klauseln wasserdicht.
Ach je, wie soll das alles enden?

Ihr Bürger um den Traualtar,
ihr steht nicht bloß zum Klatschen da,
denn Beifall macht auf Dauer dümmer.
Noch hättet ihr die Chance zu wählen,
bevor die beiden sich vermählen ...
Sprecht heute oder schweigt – für immer!

Wir Geister, die ihr rieft
Frei nach J. W. Goethes Zauberlehrling

Hat der Staat im Bildungswesen
sich doch einmal wegbegeben.
Immer wieder war zu lesen,
das sei absolut daneben.
Tief sitzt diese Wunde,
näht sie bloß nicht zu!
Nutzen wir die Stunde
für den Meister-Coup!

Dank der Lücken,
die da klaffen,
lässt sich's schaffen
abzuschätzen,
wie wir uns mit Lorbeer'n schmücken
und die Staatsmacht fix ersetzen!

Lasst uns neue Schulen gründen,
aber solche, die was kosten!
Die Idee wird sicher zünden –
erst im Westen, dann im Osten.
Denn die Eltern blechen,
wenn sie sicher sind:
Das, was *wir* versprechen,
halten wir beim Kind!

Füllt die Lücken,
die da klaffen,
dass wir's schaffen
(statt zu schwätzen)
bald im Staate durchzudrücken,
ihn in Teilen zu ersetzen!

Deutsche Universitäten,
fern von Humboldts Idealen,
platzen längst aus allen Nähten
und der Staat kann's kaum bezahlen.
Denn ums Finanzieren
ist es schlecht bestellt;
besseres Studieren
bieten wir für Geld!

Füllt die Lücken,
die da klaffen,
dass wir's schaffen
(statt zu schwätzen)
bald im Staate durchzudrücken,
ihn in Teilen zu ersetzen!

Wenn wir bald als Bildungsquellen
kostenlose Arbeitsblätter
Lehrern zur Verfügung stellen,
gelten wir schon bald als Retter
für die leeren Kassen
und im Schulsystem
glaubt man: Wir befassen
uns mit dem Problem!

Füllt die Lücken,
füllt die Löcher,
noch und nöcher
mit Int'ressen!
Schüler soll'n aus freien Stücken
alles, was wir bieten, fressen!

Dazu muss es heut gelingen,
in den Bildungsunterlagen
unsre Werbung einzubringen
für die Lehrer und die Blagen!
Das ist viel subtiler
als man's von uns kennt.
Jeder dieser Schüler
ist ein Konsument!

Lerne, lerne,
blöder Haufen,
denn zum Kaufen
braucht es Deppen,
die nicht zögern und die gerne
jeden Schrott nach Hause schleppen!

Sind wir Geister erst gerufen,
wollen wir für immer bleiben,
und die Mächte, die uns schufen,
werden uns wohl kaum vertreiben.
Ist sein Geld verflossen,
braucht uns dieser Staat –
lächelnd und entschlossen
schreiten wir zur Tat:

Alle Lücken,
die wir finden
und ergründen
woll'n wir füllen,
und es wird uns stets beglücken,
lebt man dann nach unserm Willen!

Ratschläge

Ein Vater sprach mit strengem Ton
zum grade eingeschulten Sohn:

„Ab heute übe dich im Fleiß,
mach zweitens bitte keinen Scheiß,
und drittens immer Hausaufgaben.
Vergiss auch ja nicht, Spaß zu haben!
Als fünftes solltest du notieren:
Den Kopf benutzen, nicht verlieren!
Und sechstens: Auf den Lehrer hören,
ihn siebtens nicht beim Lehren stören,
du solltest gute Noten schreiben,
und neuntens: Immer oben bleiben!
Und auf Verderben und Gedeih,
entfalte dich im Leben frei!"

So widersprüchlich das auch scheint,
was dieser Vater alles meint –
der Sohn hat's irgendwann kapiert
und später BWL studiert.

Liebe auf den ersten Blick

Er glaubte fest im frühen Maie:
Das Schicksal führte ihn zu *ihr*.
Er saß im Hörsaal, fünfte Reihe,
und *sie* davor, in Reihe vier.

Ihr braunes Haar fiel leicht und locker,
sie anzuseh'n schien fast vermessen.
Es hätte ihn gewiss vom Hocker
gehauen, hätt er drauf gesessen.

Er musste oft nach vorne linsen:
Ihr Blick war klug und konzentriert,
sie hatte dieses Grübchengrinsen;
sein Inneres war gleich berührt.

Zwar fühlte sich das richtig an,
doch wollte er noch überlegen,
statt bloß zu träumen, und begann,
die nahe Zukunft abzuwägen:

Mal angenommen, diese Frau
(das wusste er ja nicht genau)
wär nicht so jung, wie sie erschien;
am Ende hieße das für ihn,
sie würd ihm in den Ohren liegen
mit Eigenheim und Kinderkriegen.
Vielleicht war's nicht mehr weit zur Dreißig?
Zwar wirkte sie grad nett und fleißig,
doch wissen Kenner der Natur –
rein biologisch tickt die Uhr.
Auch könnt es sein, dass diese Dame
(ach ja, wie lautete ihr Name?)

noch eine hübsche Schwester hätte,
die wunderbare Menuette
in ihrem Haus zu spielen pflegte
und *ihn* samt Herz und Geist bewegte –
wodurch er bei der alten Liebe
im Folgenden nur ungern bliebe,
zumal die Schwester jünger wäre –
so stürzte er in die Affäre
mit seiner Schwägerin in spe
und sagte irgendwann „Adé"
zu jener, die jetzt grad was las
und hier im Hörsaal vor ihm saß.
Womöglich lag er gar nicht richtig
und Kinder war'n ihr nicht so wichtig
in ihren nächsten Lebensplänen,
doch sollte er vielleicht erwähnen:
Auf Dauer wär er sicher nicht
der Typ für einen Kind-Verzicht,
denn – wie bei vielen andern Paaren –
wollt *er* mit fünfunddreißig Jahren
(und ungern später) Vater werden,
um seine Gene hier auf Erden
für Enkel noch zu hinterlassen –
das würd ihm eigentlich gut passen.
Falls diese Frau in Reihe vier
die Zukunftspläne aber schier
unmöglich machte und darauf
bestünde, ihren Lebenslauf
auf Madagaskar fortzusetzen,
dann wär's wohl schwierig abzuschätzen,
ob sich der Trip zur Insel lohnte
und ob er lieber bei ihr wohnte
als Vater hier im Land zu werden.
Die Reise könnt noch mehr gefährden:

Womöglich stürbe er dann da
an einer Art von Cholera,
bei Palmen, Strand und Himmelblau –
und schuld daran wär diese Frau.
Dann würde er auch nie erfahren,
was mancher Kumpel in den Jahren
der Reise so getrieben hätt,
denn Telefon und Internet
gäb's sicher kaum im Tropenland –
das wär ihm sonst gewiss bekannt.
Doch wenn die Frau, die er beäugte
(und die sich grad nach vorne beugte,
um dem Dozenten zuzuhören),
womöglich nur in Kammerchören
ein bisschen Brahms und Schubert säng,
dann wär das alles nicht so eng.
Es gäbe dennoch eine Hürde:
Wie lang es ihm gelingen würde,
Gesang zu Hause zu ertragen,
das konnte er nicht sicher sagen.
Und nähme er zudem noch an,
sie würde plötzlich irgendwann ...

So spekulierte er im Stillen,
um zum Ergebnis zu gelangen:
Es sprach wohl gegen seinen Willen,
mit dieser Frau was anzufangen.

Als er den Hörsaal dann verließ,
befreit vom Schwärmereigefühl,
und auf die hübsche Dame stieß,
bemerkte er nur knapp und kühl:

„Wir müssen's gar nicht erst probieren.
Gemeinsam fänden wir kein Glück."
Doch schien sie wenig zu kapieren.
So ließ er sie verwirrt zurück.

Relativ

Wenn Tauben vor Betonbau stehen,
erscheinen sie erfreulich bunt;
und mancher meint ein Licht zu sehen,
entdeckt er Grau auf schwarzem Grund.

Im Chat

hey du – zweimal kleines Dach –
bist du grad noch on und wach –
Punkt, Punkt, Punkt und Fragezeichen –
kann dich nicht im chat erreichen –
Komma – reagier mal drauf –
Doppelpunkt und Klammer auf –
sitze hier und bin echt voll
rofl, keine peilung, lol –
draußen wird's schon wieder hell –
Komma – HDGDL –
Punkt, Punkt, Punkt – ich geb jetzt ruh –
Semikolon, Klammer zu.

Party

Wir feiern viel, wir feiern gerne
und laden alle Freunde ein –
von nebenan und aus der Ferne,
die Wohnung war noch nie zu klein,

um kräftig auf den Putz zu hauen,
der rieselnd von der Decke fällt,
doch woll'n wir nicht nach oben schauen,
denn *uns* gehört heut Nacht die Welt!

Die Welt ist nämlich bis zum Morgen
auf diese Wohnung hier beschränkt,
wir werden jeden Gast versorgen
und sind vortrefflich abgelenkt

von allem, das zu lähmen scheint
und unsre gute Laune trübt;
bei dieser Feier wird vereint
Kontrast zum Alltag eingeübt

mit Gästen, die die Wohnung fluten –
für alle gibt's genügend Bier;
es klingelt alle paar Minuten
erneut an unsrer Eingangstür.

Die Mucke läuft auf voller Dröhnung,
der Bass wird kräftig aufgedreht,
doch Lärm ist Sache der Gewöhnung,
was unser Nachbar *auch* versteht,

der schließlich an der Türe hämmert
und ruft, wir hätten wohl 'nen Schaden,
worauf uns wenig später dämmert:
Wir haben ihn nicht eingeladen!

Das wird jetzt zügig nachgeholt,
damit er nicht beleidigt ist;
er wird begrüßt und laut bejohlt
und bald ist sicher: Er vergisst

die Party, die wir ihm bereiten,
bestimmt nicht! Sie erinnert ihn
an eigene Studentenzeiten –
so fällt es leicht, ihn mitzuzieh'n

aufs Tanzparkett aus Teppichboden
(wo unbemerkt ein Bierfleck schimmelt)
und wo es – in den schrägsten Moden –
von unsern Gästen nur so wimmelt.

Der Teil, der im Moment nicht *tanzt*,
hat sich seit zwei, drei Stunden schon
in unsrer Küche gut verschanzt
und pflegt die Kommunikation –

beflissen, ins Gespräch versunken,
und mancher merkt beim kurzen Flirt:
Er wird gerade schöngetrunken –
woran sich aber keiner stört.

Den Küchengästen ist bewusst:
Sie werden hier nicht ewig stehen,
denn später packt auch *sie* die Lust,
zum Tanzen aus dem Raum zu gehen.

Dann werden sie die Beine schwingen,
sich ganz in der Musik verlieren
und lieber schiefe Lieder singen
als irgendwas zu diskutieren.

So sind letztendlich alle Gäste
mit Körpereinsatz voll dabei
und *uns* wird klar: Das Allerbeste
an Partys ist – wir fühl'n uns frei!

Drum feiern wir besonders laut
und kommen erst zur Ruhe, wenn
der Morgen vor den Fenstern graut.
Bis *dahin* tanzt noch lange! Denn:

Wer tanzt, darf auf der Stelle treiben
und kann, obwohl die Richtung fehlt,
ganz einfach in Bewegung bleiben,
weil weder Ziel noch Zeit hier zählt.